네가 나를 사랑하느냐

부활 예수 실패한 제자를 찾아가다

부활 예수 실패한 제자를 찾아가다

네가 나를 사랑하느냐

2017년 12월 26일 · 제1판 1쇄 발행

지은이 | 이장렬
펴낸이 | 이요섭
펴낸데 | 요단출판사
　　　　07238 서울특별시 영등포구 국회대로 76길 10

기　획 | (02)2643-9155
영　업 | (02)2643-7290~1　　Fax (02)2643-1877
등　록 | 1973. 8. 23. 제13-10호

ⓒ 요단출판사 2017

기　획 | 권혁관
편　집 | 이성준
디자인 | 박지혜
제　작 | 박태훈
영　업 | 김승훈 김창윤 이대성 정준용
　　　　이영은 김경혜 최우창 백지숙
인터넷서점 | 유세근
요단인터넷서점 www.jordanbook.com

값 12,000원
ISBN 978-89-350-1683-9　03230

이 책의 한국어판 저작권은 요단출판사가 소유하고 있습니다.
출판사의 사전 승인 없이 책의 내용이나 표지 등을 복제, 인용할 수 없습니다.

네가 나를 사랑하느냐

부활 예수 실패한 제자를 찾아가다

요한복음 21장에 관한 21가지 묵상

이장렬

요단

그들이 조반 먹은 후에 예수께서 시몬 베드로에게 이르시되
요한의 아들 시몬아 네가 이 사람들보다 나를 더 사랑하느냐 하시니 이르
되 주님 그러하나이다 내가 주님을 사랑하는 줄 주님께서 아시나이다 이르시
되 내 어린 양을 먹이라 하시고
(요 21:15)

추천의 글

이동원 목사, 지구촌 교회 창립/원로 목사

오늘날 세상은 루저(losers)로 가득 차 있습니다. 그들의 신음소리가 한의 음악을 만들고 있습니다. 그런 현장의 하나가 1세기의 갈릴리였습니다. 거기 실패한 예수의 제자들이 흩어졌다가 다시 모입니다. 그런데 그들이 부활의 공동체를 만들고 다시 일어섭니다.

예수도 세상의 기준으로 말하면 루저의 모습에서 다르지 않습니다. 그는 가견적인 어떤 성공이나 성취없이 죽어간 사람이었습니다. 그런데 그가 죽음에서 다시 부활했다는 것입니다. 그 부활 예수가 루저들의 현장에 찾아 오십니다. 그리고 실패한 제자들이 실패를 전설로 만들어 버립니다.

그 위대한 전설을 보도하는 텍스트가 요한복음 21장입니다. 저자 이장렬 교수는 이 21장에 관한 21편의 묵상을 나눕니다. 이 교수는 신약학 연구에 적지 않은 공헌을 한 학자입니다. 그러나 저자는 학문적 업적이상으로 묵상의 중요성을 강조합니다. 그리고 그 묵상은 원천적으로 자신을 위한 묵상이라고 말합니다.

오늘날 학문과 삶은 이원론적으로 분리되어 유리하고 있습니다. 그런데 이 책에서 학문은 우리의 삶의 내면으로 투사됩니다. 그리고 우리의 삶은 학문의 영성으로 다시 성화되고 있습니다. 그래서 저는 이 책을 학자와 범인, 목자와 양들에게 함께 천거합니다. 이 책을 손에서 놓을 때 저는 루저들의 부활을 보고 싶습니다.

부활의 드라마를 기대하는 모든 루저들에게 이 책을 추천합니다. 부활 예수 그가 바로 우리의 희망이십니다.

류응렬 교수, 와싱톤중앙장로교회 담임목사, 전 총신대학교 신학대학원

이장렬 교수님의 책을 읽다보니 캔터키 서든뱁티스트신학교에서 교수님과 나눈 대화들이 엊그제 일처럼 떠오릅니다. 한 시대 젊음을 하나님 말씀에 빠져들면서 신학을 탐구하고 삶을 나누었고, 그 후로도 미국학회에서 함께 논문을 발표하고, 교수님이 가르치는 신학교에 초청을 받아 강의를 하기도 했습니다. 제가 경험했던 교수님의 모습이 이 책에 고스란히 담겨있어 교수님의 글은 문자로 된 책이라기보다 따스한 가슴을 지닌 한 사람의 음성으로 다가옵니다. 그 음성을 타고 2천 년이란 긴 세월을 넘어 우리에게 들려주는 예수님의 포근한 음성이 들려옵니다.

이 책은 성경신학자의 예리한 통찰력과 예수님을 향한 진실한 마음을 품은 한 신자의 깊은 고백을 담고 있습니다. 저자는 자신의 영혼을 위해 책을 썼다고 말하지만 몇 페이지만 읽다보면 이 책이 나 자신을 위한 소중한 선물이라는 것을 느끼게 될 것입니다. 본문에 몰입한 묵상과 진리의 거울 앞에 자신을 찬찬히 들여다보는 저자를 통해 독자는 자신의 모습도 발견할 것입니다. 지치고 추운 새벽에 불을 피우고 따스한 음식을 준비해 놓으신 주님, 고요한 디베랴 바다의 새벽을 깨우는 예수님의 음성이 우리에게도 들려옵니다. 네가 나를 사랑하느냐?

정성욱 교수, 덴버신학대학원 조직신학

본서는 요한복음의 마지막 장인 21장에 대한 21개의 묵상을 담고 있다. 저자인 이장렬 교수는 원전에 대한 정확한 주해를 바탕으로 깊은 성경묵상의 진수를 우리에게 선물해 주고 있다. 특별히 저자는 성경 전체에 면면히 흐르는 중심 주제들 – 은혜, 회복, 영생, 영광 – 을 요한복음 21장에서 발견하고, 그 주제들에 대한 탁월한 묵상으로 우리 모두의 심금을 울리고 있다. 본서를 읽을 때 우리는 저자의 진솔한 목소리를 통해 살아 계신 주님의 생생한 음성을 듣게 된다. 하나님의 말씀을 사랑하며 이 시대를 이기기 위해 분투하는 모든 성도들에게 적극 추천한다.

신인철 교수, 침례신학대학교 신학과

    요한복음 21장은 하나님의 부름을 받은 목회자들에게 자신의 사역을 겸허히 돌아보게 하는 귀한 본문이다. 많은 신학자들이 이 본문을 학문과 목회 관점에서 해석하려는 노력을 기울였다. 하지만 난해하고 어려운 본문을 명쾌하게 분석하고 해석한 책들이 없어 목회자들과 신학도들이 많은 갈증에 시달리고 있었던 것으로 보인다. 그런데 이번에 이장렬교수님이 요한복음 21장을 신학과 목회적 관점에서 명료하게 해석한 귀한 책을 출판하게 되어 너무 감사하다. 본서를 읽는 목회자들의 강단이 더욱 풍성하게 될 것을 확신하며, 신학도들에게는 요한복음 전체의 흐름을 이해하는 데 새로운 길을 열어줄 것이다. 본서가 한국 기독교 발전에 새로운 지평을 열어줄 것을 기대한다.

김희석 교수, 총신대학교 신학대학원 구약학

이장렬 교수님의 저서 『네가 나를 사랑하느냐』를 추천하게 되어 진심으로 기쁘게 생각합니다. 이장렬 교수님은 뛰어난 실력을 갖춘 신약학자이면서, 동시에 목회적인 열정과 감성을 지닌 귀한 사역자입니다. 미국 유학 당시 이 교수님과 만나 교제할 기회를 갖게 되면서 그 순수한 마음과 인격적 삶에 깊이 감동을 받았습니다. 이제 이장렬 교수님께서 쓰신 요한복음 21장의 묵상내용을 접하게 되니 감화가 새롭습니다. 이 책은 신약학자가 지닌 뛰어난 학술적 전문성을 일반 독자들을 위해 쉽고 깊게 풀어낸 21개의 묵상을 담고 있습니다. 신약원어인 헬라어를 기초로 하여 본문을 명쾌히 설명하면서도 동시에 그 내용을 우리의 실제 삶의 현장과 긴밀하게 연결시키는 훌륭한 책입니다. 이 교수님이 소개하는 요한복음 21장의 내용을 차근차근 살피고 묵상해 간다면, 베드로를 찾아오신 예수님을 우리도 만나게 될 것이고, 요한을 통해 말씀하신 예수님의 음성을 우리도 듣게 될 것임이 분명합니다. 이러한 기대를 담아 예수님을 사랑하는 모든 독자들께 일독을 권합니다.

최 연 교수, 홍익대학교 상경대학 글로벌경영
대한리더십학회 회장, 현 전 홍익대 상경대학 학장 및 선한시민침례교회 담임목사

이 책을 다 읽고 나서 제게 두 가지 느낌이 다가왔습니다. "복음서를 다 읽은 느낌"과 "긴 설교를 단숨에 들은 느낌"이었습니다. 그리고 제 마음 속에 "주님과 함께라면 죽어도 좋아" 하는 자세가 생겼습니다. 제 상한 심령에 회복이 있었던 것입니다. 4복음서에 총 89개 장이 있습니다. 이 책은 그 중에서 마지막 장인 요한복음 21장에 대한 이장렬 교수님의 묵상을 정리한 것입니다. 마지막 하나의 장을 묵상하였지만, 제게는 복음서 전체를 단 한 번의 설교에 담아 전해 준 것 같은 귀한 말씀이었습니다. 4시간 정도의 독서였는데 잠깐처럼 지나갔습니다. 그리고 회복이 찾아왔습니다. 이 책은 실패한 제자 베드로를 찾아가 그를 회복시키신 부활예수의 이야기를 다루고 있습니다. 자신을 실패한 제자라고 생각하는 모든 그리스도인들에게 이장렬 교수님이 스스로 "이 부족한 책"이라 부르는 "이 귀한 책"을 추천하는 바입니다.

임도균 교수. 침례신학대학교 신학대학원 설교학

한국의 젊은 세대들은 '포기'라는 말을 많이 듣고 살게 됩니다. 치열한 경쟁사회에서 '성공'보다는 '실패'를 경험하고 사는 이가 더욱 많아 보입니다. 믿음의 사람들도 이러한 거센 물결에서 벗어날 수 없습니다. 이러한 고민을 안고 있는 이들에게 이장렬 교수님께서는 이 책을 통해 부활하신 예수님과의 만남을 주선합니다. 이 박사님은 말씀에 대한 예리한 분석력과 교회를 사랑하는 마음이 있는 성경학자이자 목회자입니다. 본서를 통하여 한국교회에 부활하신 예수님께서 주시는 참된 희망의 메시지가 영향력 있게 전달되길 소망하며 이 책을 강력히 추천합니다!

유정모 교수, 횃불트리니티신학대학원대학교 교회사

서문에서 저자는 충분한 시간을 들여 말씀 묵상과 함께 책을 읽을 것을 권면했지만 나는 이 책을 펼친 순간 빨려 들어가 단숨에 읽고 말았다. 누구나 쉽게 이해할 수 있는 평이한 언어에 탁월한 학문성과 깊은 영성이 더해진 이장렬 교수의 요한복음 21장 묵상은 나로 하여금 디베랴 호수가에서 예수님을 직접 만난 듯 생생하게 다가와 영혼의 안식을 안겨주었다. 인생과 사역의 무게에 눌려 지치고 탈진한 모든 평신도와 사역자들이 이 책을 통해 깊은 회복의 은혜를 경험하길 바란다.

저자 서문

학술적 연구물의 경우 특히 그렇지만, 일반적으로 책을 집필하고 내놓을 때 왜 이 책이 꼭 출판되어야 하는지에 관한 분명한 이유가 있어야 한다.

이 책을 집필하게 된 데는 너무나 확실한 이유가 있다. 하지만 보통 저자들이 말하는 그런 이유와는 분명히 다르다. 나는 이 책을 나 자신을 위해서 썼다! 그리스도께서 다시 오시고 새 하늘과 새 땅이 도래하며 정의가 평화가 입 맞출 때까지 그리스도인이라도 죄짓는 일에서 아주 자유롭지 못하다는 것은 전제로 하고라도 이 얼마나 자기중심적인 선언인가? 조금 전에 필자가 한 말이 극도로 이기적으로 들릴 수 있기에 얼마간의 해명이 필요하다.

나는 나 자신의 영혼이 메마르지 않기 위해서 말씀을 묵상하는 과정에서 그리고 그 묵상의 결과로 이 책을 썼다. 주님 주시는 은혜의 샘물에서 길어 내 영혼의 생수를 받아 마시는 성경 묵상의 과정에서 이 책이 탄생하였다. 그동안 여기에 실린 내용으로 설교도 했고 세미나 강의를 하기도 했지만, 원초적으로 이 책은 헬라어로 요한복음 21장을 천천히 거듭 묵상하는 데서 시작되었다. 이 내용으로 설교나 세미나 강의를 준비할 때도 가장 중요한 작업은 헬라어 원문을 천천히 읽고 또 읽으며 묵상하는 것이었다. 나아가 헬라어 원문이 나를 읽도록 나 자신을 주님 앞에 그리고 주의 말씀 앞에 가져가는 것이었다.

책을 쓰거나 출판하려고 할 때, 그 책의 주제가 무엇인지에 대해 미리 생각하는 것이 모든 저자에게 너무나 당연하고 또 필수적이다. 그런데 이에 대한 필자의 답변은 다소 '어정쩡'하다. 이 책은 필자가 말하고자 하는 어떤 특정 주제에 대한 논의이기보다 필자가 특정 성경 본문, 즉 요한복음 21장을 지속해서 묵상하는 가운데 발견하고 배우고 생각하고 느끼고 고민하고 결단한 바를 정리한 결과물이다.[1] 그럼에도 요한복음 21장에서 부각되는 몇 가지 주요주제가 있음을 부인할 수 없다. 제자들의 삶 한복판으로 찾아오시는 부활하신 그리스도의 은혜(본서 1부에서 부각됨), 자신을 거듭 배반한 제자를 재활 회복시키시는 예수님의 사역(2부에서 부각됨), 그리고 제자의 길을 걸어갈 때 비교의식이 가져오는 문제(3부에서 부각됨) 등이 바로 그것들이다. 물론 요한복음 21장 내에서 이 주제들은 서로 나누어져 있지 않고, 분리 불가분한 방식으로 연결되는데, 제4복음서의 마지막 장을 묵상한 결과물을 이하에서 글로 나누는 과정에서 자연스럽게 이 주제들이 드러나고 또 서로 통합되기를 바란다. 하지만, 그 주제들을 부각하기 위해 요한복음 21장에 포함된 다른 요소들을 의도적으로 간과하거나 축소하지는 않았다. 이는 필자가 말하고 싶은 바를 전달하기보다 성경이 말씀하는 바를 독자들과 나누고자 하는 바람 때문이었다. 그렇게 의도한 바를 필자가 얼마나 충실히 수행했는지는 독자들께서 판단해 주실 것이다.

    이미 언급했지만, 이 책을 쓰면서 가장 행복하고 유익했던 경험은 요한복음 21장 본문을 반복해서 묵상하는 것이었다. 그래서 만일 가능하다면, 독자들도 이 책을 읽는 동안 – 그것이 3주가 걸릴 수도 있고(특별히 하루에 한 장씩 읽으시는 경우), 혹은 3일이 걸릴 수도 있겠지만(각 부별로 나누어 하루에 한 부씩 읽으시는 경우) – 요한복음 21장을 집중적으로 그리고 천천히 묵상하시기를 강력히 추천한다. 그런 말씀 묵상의 과정 중에 이 책을 함께 읽으면서 필자와 대화해 주시기를 부탁드린다. 필자가 요한복음 21장을 묵상하는 과정에서 주님께 받은 은혜를 독자들과 나눌 수 있는 것이 큰 영예이지만, 이것이 독자들이 하나님 말씀을 직접 대면하고 묵상하는 일을 결코 대체할 수 없기 때문이다.

나의 나 된 것은 오직 하나님의 은혜다. 하나님의 은혜 없이는 잠시도 숨 쉴 수 없다. 그런데 우리 일상에서 하나님의 은혜는 대부분의 경우 사람들을 통해 매개된다. 내게 그 매개체 역할을 하는 가장 중요한 사람들은 바로 내 가족이다. 하나님의 은혜를 내게 매개해 주는 아내 이선영과 아들 이성민에게 감사한다. 또한, 이 책의 원고를 준비하는 과정에서 모든 내용을 여러 번 꼼꼼히 읽고 자세히 코멘트해 준 전인성 목사님께 깊이 감사드린다. 원고 완성 단계에서 전체 내용을 읽고 유익한 조언을 해 준 조충현 박사님, 김의창 박사님, 이춘석 목사님, 정지훈 목사님, 강현창 목사님께도 진심으로 감사의 뜻을 표한다.

이 부족한 책을 사랑하고 존경하는 나의 부모님, 이상수 목사님과 임묘순 사모님께 헌정한다. 두 분께서 보여주신 그리스도에 대한 믿음과 열정이 오늘 나를 있게 했다. 필자가 그나마 더 심하게 빗나가지 않은 것은 두 분을 통해 베풀어주신 주님의 은혜와 사랑 때문이다.

2017년 12월
미드웨스턴침례신학대학원 교정에서 이 강열

목차

추천의 글 /5

저자 서문 /13

1부 다시 찾아오시는 은혜 (요 21:1-14) /18

- Chapter 1 다시 찾아오시는 은혜 /21
- Chapter 2 그의 다른 제자 둘 /28
- Chapter 3 의지하고 순종하는 길 /36
- Chapter 4 그 베드로가 그립다 /42
- Chapter 5 기적보다 더 큰 기적
  : 보존의 은혜 /48
- Chapter 6 쉐프 예수 (Jesus the Chef) /55
- Chapter 7 호 퀴리오스 에스틴! 주님이시다! /64

2부 베드로의 회복 (요 21:15-19) /70

- Chapter 8 실패 직면: 회복의 지름길 /73
- Chapter 9 주여 모든 것을 아시오매 /79
- Chapter 10 목양사역의 단 한 가지 조건
  : 쉐마(Shema)적 사랑 /85

Chapter 11 주님의 양 /92
Chapter 12 베드로가 용서받을 수 있는 이유 /98
Chapter 13 하나님께 영광? 하나님께 영광! /108
Chapter 14 주님의 보존 하심과 제자도 /118

3부 비교의식 그리고 제자도 (요 21:20-25) /128

Chapter 15 예수께서 사랑하시는 그 제자 /131
Chapter 16 "네게 무슨 상관이냐?" 비교의식 /140
Chapter 17 부활하신 주님과 동행한다는 것 /152
Chapter 18 오해받기: 피할 수 없는 삶의 일부 /164
Chapter 19 죽음 앞에서 영생을 노래하다 /172
Chapter 20 성경의 선택적 성격 /178
Chapter 21 어떻게 강연을 마쳐야 명강연일까?
　　　　　　두 교수 이야기 /186

나가면서 /192
주 /196

1부

다시 찾아오시는 은혜

(요 21:1-14)

부활하신 예수님을 두 번 만난 후, 디베랴 바닷가로 고기 잡으러 나선 제자들에게 주님께서 친히 찾아오시는데…

Chapter 1   다시 찾아오시는 은혜

Chapter 2   그의 다른 제자 둘

Chapter 3   의지하고 순종하는 길

Chapter 4   그 베드로가 그립다

Chapter 5   기적보다 더 큰 기적: 보존의 은혜

Chapter 6   쉐프 예수 (Jesus the Chef)

Chapter 7   호 퀴리오스 에스틴! 주님이시다!

Chapter 1 _

다시 찾아오시는 은혜

21:1 그 후에 예수께서 디베랴 호수에서 또 제자들에게 자기를 나타내셨으니 나타내신 일은 이러하니라 2시몬 베드로와 디두모라 하는 도마와 갈릴리 가나 사람 나다나엘과 세베대의 아들들과 또 다른 제자 둘이 함께 있더니 3시몬 베드로가 나는 물고기 잡으러 가노라 하니 그들이 우리도 함께 가겠다 하고 나가서 배에 올랐으나 그 날 밤에 아무 것도 잡지 못하였더니… 14이것은 예수께서 죽은 자 가운데서 살아나신 후에 세 번째로 제자들에게 나타나신 것이라(요 21:1-3, 14)[1]

요한복음 21장은 "그후에"로 시작한다. "그후에"라는 표현은 헬라어로 메타 타우타인데 문자적으로 "그 일들 후에"라는 뜻이다. 그런데 여기서 "그 일들"은 어떤 사건들을 지칭하는가? 필시 바로 앞에 나오는 일들, 그러니까 요한복음 20장에 기록된 대로 예수님께서 부활하시고 제자들을 만나 주신 사건들을 가리킨다. 제자들은 자신들도 스승처럼 로마의 십자가에 달려 공개 처형을 당하게 되는 것은 아닌지 죽음에 대한 두려움에 떨며 숨어 지냈다. 그때 제자들에게 부활하신 주님께서 친히 자신을 계시하셨다(요 20:19-23). 또한 예수님은 직접 눈으로 자신의 부활을 생생히 목도했다는 동료들의 증언을 거침없이 묵살하며 자기 눈으로 보고 손으로 만져보지 않고는 예수님의 부활을 결코 받아들일 수 없다는 회의주의자 도마를 위해 다시 한번 찾아오셨다(요 20:24-29).[2] 그런 감격스러운 사건들 후에 부활하신 주님께서 세 번째로 제자들에게 자신을 계시하신 사건이 요한복음 21장에 담겨 있다.

저자인 사도 요한은 21장의 첫 절에서 이어지는 기사가 부활 예수와 제자들 간의 첫 대면이 아님을 분명히 한다.

> 그후에 예수께서 디베랴 바다에서 *또* 제자들에게 자기를 나타내셨으니
> (요 21:1 [이탤릭 추가됨])

요한복음 21장은 부활 후 제자들을 또다시 찾아주신 사건에 대한 기록이다. 예수님은 부활 후 단 한 번만 제자들에게 나타나신 것이 아니다. 적어도 세 번 제자들에게 나타나셨다(요 20:19-23; 20:24-29; 21:1-14). 부활 후에도 거듭 제자들에게로 향하시는 주님의 모습에서 그분의 친절하심과 자상하심을 엿보게 된다. 사실 요한복음 20-21장에 기록된 각 방문마다 고유한 목적이 있다. 첫 번째 방문에는 두려움에 사로잡혀 있는 제자들에게 자신이 부활하셨음을 알리시고 그들에게 선교적 사명을 주시기 위한 목적이었다면(요 21:19-23), 두 번째 방문에는 주님의 부활 소식을 강력히 거부하는 도마를 만나주시기 위한 목적이 있었다(요 21:24-29). 그리고 요한복음 21장에 기록된 세 번째 방문은 21:15이하에서 볼 수 있듯이 궁극적으로 베드로를 회복시키시기 위함이다.

주님께서 일하실 때는 이처럼 분명한 목적이 있다. 주님께

서는 결코 당신의 노력을 낭비하시지 않으신다(물론 우리가 주님이 일하시는 방식과 그 목적을 늘 선명히 본다는 것은 아니지만…). 주님께서는 '부활 후에 제자들을 한 번 방문해 주었으니 자리에 없었던 녀석들한테도 알아서들 소식을 잘 전할 것이고, 이제는 좀 제대로 하겠지?'라고 체크 리스트 하나 지우듯이, 방문했다는 사실 그 자체로 만족하지 않으셨다. 부활하신 주님은 제자 한 사람 한 사람을 목자의 마음으로 보살펴 주신다(요 10:1-21; 21:15-19 참조). 그렇게 제자 한 사람 한 사람을, 도마를 그리고 베드로를 만나 주시고 친히 보살펴 주신다. 천사를 보내지 않으시고 그들을 직접 방문하신다. 몸소 제자들이 있는 그곳으로 찾아가 주신다. 그들이 어떤 상황에 있든지 그들의 삶의 현장 한복판에서 친히 만나 주신다.

그런데 제자들은 지금 어떻게 지내고 있는가? 잠시 그들에게로 시선을 돌려본다. 머릿짓으로 "주께서 사랑하시는 제자" 요한을 대변인 삼고, 스승을 보호하겠다고 '용맹하게' 칼을 휘둘러 말고의 귀를 베었던 시몬 베드로는 여전히 제자들 무리 가운데서 강력한 '리더십'을 발휘한다(요 21:3; 13:24 및 18:10 참조). 베드로가 고기 잡으러 간다고 말하니 동료 제자들이 주저 없이 즉시 따라나선다.[3]

그런데 잠깐! 지금 물고기를 잡으러 간다고? 부활하신 주님을 두 번 대면한 후 제자들이 보여주는 반응이라기엔 조금은 어색해 보인다. 아울러 시몬 베드로에게 그리고 동료 제자들에게 무언가 아직 미결과제가 있는 듯한 암시를 받는다(요 21:15-17 참조). 어쩌면 고기잡이에 나선 제자들이 디베랴 바닷가로 그들을 찾아오신 주님을 쉽게 인식하지 못하고 주님의 목소리마저 금세 알아차리지 못하는 모습이 그들의 영적 둔감을 암시해 주는지도 모르겠다(요 21:4). 물론 그들도 먹어야 하기에 물고기를 잡으러 나갔다고 말할 수도 있다. 하지만 저자인 사도 요한이 일곱 명의 제자들이 했던 다른 행동에 대해서는 일체의 언급 없이 베드로의 주도로 고기 잡으러 간 사실만을 보도하는 점이 얼마간 암시하는 바가 있는 듯하다.

어찌 되었든 베드로의 '리더십'은 이날 밤 일절 효력을 발휘하지 못한다. 낮보다 고기가 잘 잡힌다는 밤시간을 일부러 골라 작업을 했다. 적어도 세 명의 전문 어부들(베드로와 세베대의 두 아들, 그러니까 사도 요한 자신과 형제 야고보)을 포함한 일곱 명의 제자들이 철야 작업에 총동원되었다. 하지만 다 헛수고다. 완전 허탕이다. 디베랴 바다의 모든 물고기는 작은놈 하나 예외 없이 이들을 철저하게 그리고 처절하게 피해 간다(요 21:3 참조). 크레이그 키너(Craig Keener)가 말한 대로, 사도 요한은 이

부분에서 제자들이 예수님을 떠나서는 아무것도 할 수 없다는 사실을 말해 주는 것 같다.[4]

> 나를 떠나서는 너희가 아무것도 할 수 없음이라(요 15:5)

그러나 요한복음이 여기서 끝나지 않는다. 예수님은 허무함과 탈진, 헛수고를 경험한 제자들을 향해 다시 한번 찾아오신다(요 21:4 이하 참조). 제자들을 만나 주시고 그들을 친히 먹이시고자 다시금 그들을 방문하신다. 실패한 제자 베드로를 회복시키고 그 쓰러진 제자를 일으켜 세워 목양의 사역을 맡기시려 친히 디베랴 바닷가로 찾아오신다.

열심히 수고해도 일이 되지 않을 때 그게 늘 마귀 때문만은 아니다. 힘을 다해 보지만 생각대로 일이 잘 풀리지 않는 것이 어쩌면 잘 될 징조인지도 모른다. 그런 시련이 주께서 우리 가운데서 무언가 의미 있는 일을 새롭게 시작하신다는 신호인지도 모른다. 바닥을 치는 경험이 때로는 축복의 짙은 그림자다. 만일 그런 경험으로 인해 우리 스스로는 할 수 없음을 그저 말뿐만 아니라 진정 마음으로 깨닫게 된다면 말이다. 또한, 우리 삶에 주님의 은혜가 절실히 필요함을 솔직히 인정하게 된다면 말이다. 바로 이날 밤이 그랬다.

그리고⋯ 부활하신 예수님께서 은혜로 이들을 다시 찾아

오고 계셨다. 아니, 은혜의 주께서 이미 그들 곁에 와 계셨다(요 21:4).

Chapter 2 _

그의 다른 제자 둘

시몬 베드로와 디두모라 하는 도마와 갈릴리 가나 사람 나다나엘과 세베대의 아들들과 또 다른 제자 둘이 함께 있더니(요 21:2)

부활하신 후 이미 제자들을 두 번 만나주셨던 주님께서 다시 그들에게 향하신다(요 21:1, 14). 부활하신 예수님의 세 번째 방문에 대한 기사를 시작하면서 저자 요한은 일곱 명의 제자들을 소개한다. 시몬 베드로를 필두로 도마, 나다나엘, 그리고 "세베대의 아들들"(즉, 야고보와 요한[저자 자신])과 "또 다른 제자 둘"을 차례로 언급한다(요 21:2).

공관복음에서 핵심 제자군이라면 역시 베드로, 야고보, 요한, 이렇게 3인방이다. 회당장 야이로의 열두 살 된 딸을 살리실 때 주님 바로 옆에 동행했던 이들이 바로 이 세 사람이다(막 5:37 이하). 변화산상에서 주님과 함께하며 구원 완성의 날을 미리 맛보았던 것도 바로 이들 셋이다(막 9:2 이하; 벧후 1:16-18). 십자가의 죽음을 앞에 두고 겟세마네 동산에서 기도하실 때, 예수님께서 가장 가까이 두셨던 이들도 바로 이 셋이다(막 14:33-34).² 그렇기에 요한복음 21:2의 제자 리스트에 이 세 명이 등장하는 것은 어쩌면 너무 당연하다.

하지만 매우 인상적이게도 저자는 "세베대의 아들들"(즉, 사도 요한 자신과 형제 야고보)을 언급하기에 앞서 도마와 나다나엘의 이름을 먼저 제시한다! 사실 공관복음과 사도행전에서는 예수님의 제자 명단이 나올 때야 겨우 언급되는 도마가 요한복음에서는 꽤 빈번히 등장한다.[2] 도마는 "우리도 주와 함께 죽으러 가자"처럼 마치 베드로나 할 법한 패기 넘치는 발언을 하기도 하고(요 11:16), 예수님의 고별 강화를 들을 때는 "주께서 어디로 가시는지 우리가 알지 못하거늘 그 길을 어찌 알겠삽나이까?"라며 솔직한 질문을 던지기도 한다(요 14:5). 비록 부활하신 주님을 먼저 만난 동료들의 생생한 증언은 완전히 묵살했지만(요 20:25), 막상 부활하신 주님을 직접 대면하자 "나의 주 나의 하나님"이라는 클라이맥스적 신앙고백까지 남긴다(요 20:28).

비록 도마 정도까지는 아니지만, 나다나엘 역시 요한복음에서 눈여겨 주목할 제자 중 하나다.[3] 그는 특히 요한복음의 첫 장에서 매우 인상적으로 등장하는데, 예수님으로부터 "참으로 이스라엘 사람이라 그 속에 간사한 것이 없도다"라는 극도의 칭찬을 받는다.[4] 이어지는 예수님과의 대화 중에 "랍비여 당신은 하나님의 아들이시요 당신은 이스라엘의 임금이로소이다!"라는 멋들어진 고백을 남기기도 한다.

그 외에도 요한복음 내에서 빌립과 안드레의 역할이 눈에 띈다. 이 둘은 예수님의 말씀에 적극적으로 반응하는 제자들이다(요 1:40, 43-44; 12:22). 이렇듯 우리는 요한복음을 통해 공관복음에서는 크게 주목받지 않았던 제자들에 대해 더 자세히 알게 된다.[5]

제4복음서를 읽다 보면, 도마와 나다나엘처럼 공관복음에서 자주 등장하지 않았던 인물들이라고 해서 중요하지 않다고 속단할 수 없음을 깨닫게 된다. 그러나 본질적으로 예수님의 제자들에겐 누구 이름이 먼저 언급되는가 혹은 누구 이름이 얼마나 자주 언급되는가보다 그들이 누구의 제자인가가 훨씬 중요할 것이다. 그런 뜻에서 요한복음 21:2에 나오는 "또 다른 제자 둘"이란 표현에 잠시 주목할 필요가 있다.

> 시몬 베드로와 디두모라 하는 도마와 갈릴리 가나 사람 나다나엘과 세베대의 아들들과 또 다른 제자 둘이 함께 있더니(요 21:2)

개역개정에 요한복음 21:2에 나오는 "또 다른 제자 둘"(저자 요한은 이들의 이름을 밝히지 않는다)이란 표현의 헬라어 원문은 알로이 에크 톤 마떼이톤 아우투 뒤오인데, 직역하면 "그의 다른 제자 둘"이다. 21:2에서 베드로를 필두로 다섯 사람의 이름이 구체적으로 언급되었지만, "그의 다른 제자 둘"은 이 다섯 사람 중 그 어느 누구의 제자도 아니다. 다시 말해서, 21:2

에 나오는 "그의(헬: *아우투*)"라는 대명사는 바로 앞에 등장하는 인물 중 그 누구도 지칭하지 않는다. 오히려 이 대명사는 앞서 21:1에 언급되었던 예수님을 가리킨다.

일반적으로 대명사가 어느 단어를 지칭하는지 살펴볼 때, 인접 단어를 우선으로 고려하는 것이 원칙이다. 그러나 여기서는 그 일반적 원칙이 적용되지 않는다. 바로 앞에 나오는 세배대의 아들들(거기엔 저자 요한이 포함된다!), 그 앞서 언급되는 나다나엘과 도마중 어느 누구도 이름이 구체적으로 밝혀지지 않은 두 사람의 스승이 아니다. 심지어 제자들 가운데 주도적 영향력을 발휘하면서 21장 전면에 부각되는 베드로(요 21:3, 15-22)도 이 둘의 스승이 아니다. 이 둘의 스승은 바로 그 앞서 21:1에 언급된 예수님이다!

요한복음 21:2에서 대명사("그의")가 누구를 가리키는지에 대한 위와 같은 관찰은 저자 요한의 초점이 누구에게 있는지를 다시 한번 우리에게 상기시켜 준다. 학자들은 요한복음 21장을 보통 에필로그(epilogue)로 분류한다. 요한복음 내러티브의 본체는 20장 마지막에 등장하는 도마의 클라이맥스적 신앙고백(요 20:28)과 요한복음의 기록 목적에 대한 웅장한 선언(요 20:30-31)으로 마무리되고, 21장은 일종의 후기로서 베드로에게 특별한 관심을 두고 있다는 것이다.[6]

학자들의 이러한 견해가 상당히 일리가 있다. 그러나 위에서 살펴본 대로 요한복음 21:2에 등장하는 "그의"(헬: *아우투*)라는 대명사의 용례에 주목한다면, 요한복음의 몸통(요 1:19–20:31)에서와 마찬가지로 에필로그(요 21장)에서도 예수님이 여전히 저자의 궁극적 초점임을 볼 수 있다. 요한복음 내러티브의 몸통(요 1:19–20:31)이 예수님께 초점을 두고 있다는 사실에 대해선 굳이 부연 설명이 필요 없겠지만, 프롤로그(요 1:1–18)가 성육하신 로고스(Logos)에 초점을 두고 있고, 에필로그(21장)가 부활하신 그리스도에 대한 초점을 유지하고 있음을 볼 때, 사도 요한의 이야기에서는 처음부터 끝까지 예수님을 확연히 그 중심으로 삼고 있다고 말해야 옳을 것이다.[7]

우리 이야기의 중심은 무엇인가? 우리의 이야기 속에는 일관된 초점이 존재하기라도 하는가? 혹 그렇다면, 그 초점이 예수 그리스도이신가(요 5:39 참조)? 우리의 이야기 가운데 자기 스스로가 중심되는 일이 너무나 빈번하지 않은가? 그리스도가 아니라 이 세상을 중심으로 삼는 말들이 우리의 이야기들 가운데 너무 잦지 않은가?

도마와 나다나엘이 요한복음 내에서 특별히 주목받고 있음을 위에서 간략히 언급했다. 한편 요한복음 21장을 읽을 때, 2절에서 언급된 일곱 명의 제자들 외의 다른 네 명의 행방이 궁금해지기도 한다. 공관복음에서 주목받는 3인방(베드로, 요한, 야고보)을 요한복음 21장에서도 발견하여 반가운 맘이 드는 한편, 언급은 되었지만 이름이 밝혀지지 않은 두 명의 제자들의 정체에 대해 궁금해지기도 한다. 혹시 그 둘은 요한복음에서 상대적으로 부각되었던 빌립과 안드레일까? 그렇다면 사도 요한은 왜 그들의 이름을 밝히지 않는 것일까? 그에 대해 얼마든 질문해 볼 수 있지만 그리 간단한 답은 없는 듯하다(주께서 다시 오시는 날에 물어볼 질문 리스트에 이를 추가한다).

하지만, 혹시라도 언급 빈도나 거명 여부에 근거하여 주님의 제자들 가운데 누가 더 중요한 존재인지 우열을 가리고 싶은 맘이 든다면, 그것은 본질적으로 어리석은 짓이다. 그런 헛된 노력은 이미 오래전에 예수님에 의해 정죄 받았다. 세상은 유명세로 성공 여부를 판단하지만, 그리고 그 판단이 이제 교회 안에서도 돌이키기 쉽지 않을 정도로 너무 깊이 들어와 버렸지만, 하나님 나라는 전혀 다른 방식으로 작동한다는 예수님의 가르침을 반드시 기억해야 한다(막 10:42-45).[8]

저자 사도 요한의 지속적이고 궁극적 초점은 자신이나 다른 제자가 아니라 바로 예수님이다! 제자도는 우리 이름이 얼마나 자주 그리고 얼마나 인상적으로 언급되느냐의 문제가 아니라, 결국 우리가 누구(who)를 좇느냐의 문제다. 요한복음 21:2에 등장하는 이름이 언급되지 않은 두 제자의 경우처럼 예수님을 따르는 우리에게 가장 중요한 것은 우리가 "그의"(헬: 아우투) 제자라는 사실이다. 우리가 이웃과 세상에 우리 이야기를 들려줄 때 명심할 것은 예수님만이 그 이야기의 초점이요 중심이 되셔야 한다는 사실이다. 우리들의 이야기가 사실 예수님 이야기가 되어야 한다는 사실이다. 그러니까 사도 요한의 이야기에서처럼 말이다.

> 시몬 베드로와 디두모라 하는 도마와 갈릴리 가나 사람 나다나엘과 세베대의 아들들과 또 다른 제자 둘이 함께 있더니(요 21:2)

Chapter 3 _

의지하고 순종하는 길

21:4날이 새어갈 때에 예수께서 바닷가에 서셨으나 제자들이 예수이신 줄 알지 못하는지라 5예수께서 이르시되 얘들아 너희에게 고기가 있느냐 대답하되 없나이다 6이르시되 그물을 배 오른편에 던지라 그리하면 잡으리라 하시니 이에 던졌더니 물고기가 많아 그물을 들 수 없더라(요 21:4-6)

부활하신 그리스도는 은혜의 주님이시다. 제자들의 죄를 위해 그리고 세상 죄를 위해 십자가를 지셨던 그 주님께서 부활하신 후에도 변함없는 은혜로 제자들을 찾아오신다. "세상에 있는 자기 사람들을 사랑하시되 끝까지" 사랑하셨던 예수님의 사랑은 부활 후에도 변함없이 계속된다(요 13:1). 십자가에 달려 죽으셨던 예수님과 부활하신 영광의 주님은 한 분이시다!

부활하신 주님을 이미 두 번 대면했던 제자들은 전문 어부 출신인 베드로의 주도하에 고기잡이에 나선다. 하지만 디베랴 바다의 물고기들은 예외 없이 이들을 피해 간다. 제자들에겐 허무함과 탈진, 헛수고의 바다 친 경험만이 남는 듯했다. 예수님께서 그들을 다시 만나 주시기까지는 말이다. 저자 요한은 고기잡이에 나섰다가 밤새 허탕만 친 이 사건을 통해 제자들이 예수님 없이는 아무것도 할 수 없음을 간접적으로 말해 주고 있는 듯하다(요 15:5 참조). 제자들이 곧 경험하게 될 엄청난 포획(요 21:6)이 기적인 것처럼 사실 밤새 물고기가 단 한 마리도 걸려들지 않은 것도 기적인지 모른다. 이는 적어도 주님이 베푸실 놀라운 기적에 앞서 제자들의 심령을 일구시는 신적 간섭의 한 방식이다.

사실 예수님께서는 이미 제자들에게 와 계셨다. 디베랴 바닷가 제자들 곁에 이미 서 계셨다. 이어지는 요한복음 21장의 내용을 보면 주님께서는 디베랴 바다에 당도해서 제자들의 아침 식사를 미리 준비해 놓으셨다(요 21:9).

그러나 베드로를 포함한 일곱 제자들은 주님께서 그들 곁에 와 계심을 아직 깨닫지 못했다. 제자들에게 부활 후 그들을 이미 두 번 찾아오신 주님이 다시 방문하실 것에 대해 기대감이 약했던 탓일까? 누군가 바닷가에 서 있는 것을 보긴 했지만 그게 설마 예수님이라고는 생각 못 했다(요 21:4). 이윽고 예수님께서 "너희에게 고기가 있느냐?"고 물으셨지만, 예수님의 목소리마저 알아차리지 못한 채 잡은 것이 없다고만 대답했다(요 21:5). 제자들은 주님을 바로 알아보지 못했다.

저자 요한은 주님께서 "너희에게 고기가 있느냐"(요 21:5)고 물으셨다고 기록한다. 이 질문은 헬라어로는 *메 티 프로스 화기온 에케테*이다. 헬라어에서 *메*로 시작하는 이 특정한 질문 형태는 질문자가 상대방이 어떻게 반응할지 그 답을 이미 아는 상태에서 물어보는 경우에 사용된다. 특별히 "아니오"라는 답변이 나올 것을 미리 알고 질문할 때 사용된다. 그러니까 주님께서는 "너희들이 물고기를 좀 잡았는지 아닌지 내가 확실히 잘 모르겠는데, 밤새 상황이 어떻게 되니?"라고 물으신 것이 아니다. 도리어 "너희들 밤새도록 물고기 잡은 것 한 마리도 없구나. 그렇지?"라고 물으신 것이다.

예수님께서는 제자들이 물고기를 좀 잡았는지 아닌지를 몰라서 질문하신 것이 아니다. 주님께서는 그들이 밤새 허탕만 쳤음을 정확히 알고 계셨다. 그들의 허무함, 헛수고의 바다 친 경험을 속속들이 헤아리고 계셨다. 예수님이 질문하신 의도는 결코 정보수집에 있지 않았다. 도리어 제자들이 자신들의 상황을 직면하고, 현실을 인정하며, 주님 없이는 완전 빈털터리임을 깨닫게 하시는데 그 목적이 있다(요 15:5 참조).

아무것도 잡은 것이 없다는 처절함이 담긴 제자들의 답변을 들으신 후, 주님은 한 치의 주저함도 없이 "배 오른편으로 그물을 던지라"고 명하시며 그렇게 하면 물고기를 잡을 것이라고 단언하신다(요 21:6). 당시에는 보통 키잡이 노가 배 오른편에 있는 연유로 어부들이 배 왼편으로 그물을 던졌다고 한다.[1] 만일 그것이 사실이라면 예수님은 어부의 상식과 전통에 어긋나는 명령을 내린 것이다. 어쨌든 제자들은 예수님 말씀대로 했다.

그런데 이게 무슨 일인가? 밤새 제자들을 피해 도망 다니던 물고기들이 총집합하여 단번에 그물에 걸려든다. 한 마리만 걸려들어도 밤새 허탕 친 것과 대조를 이루겠지만, 겨우 그 정도가 아니다. 그물을 들 수 없을 만큼 많은 물고기가 한숨에 걸려든다. 153마리의 큰 물고기들이 단번에 포획되는 기적이 벌어졌다(요 21:11 참조).

아니, 도대체 제자들이 무슨 일을 한 것인가? 사실 그들이 한 일이라곤 아무 것도 없다. 그저 은혜로 그들을 다시 찾아오신 예수님 말씀대로 한 것 외에는 말이다. 예수님 말씀대로 했더니 포획의 기적이 일어났다. 디베랴 바다의 제자들에게 필요했던 것은 그저 그분 말씀대로 따라 하는 것뿐이었다.

디베랴 바다에서 일어난 기적적인 포획 사건은 주님 없이 스스로 해 보려는 인생과 주님 말씀 따라 사는 인생의 극명한 차이를 보여준다. 또한, 이 사건은 베드로와 제자들이 앞으로 맡겨주실 복음의 사역을 감당하면서(요 20:21-13; 21:15-17; 막 1:17 참조) 온전히 주님만 의지하고 주님의 인도하심에 순종해야 함을 상징적으로 가르쳐준다.

그때나 지금이나 제자들에게 필요한 것은 예수님 말씀에 대한 어린아이 같은 의존뿐이다. 인생에서 완전히 허탕만 친 것 같을 때가 있다. 사역을 위해 온갖 수고해 놓고도 다 헛수고뿐인 듯할 때가 있다. 그러나 그래도 괜찮다. 바로 그때 우리 스스로는 완전 빈털터리임을 그리고 우리는 주님 떠나서는 아무것도 할 수 없는 존재임을 솔직히 그리고 겸손히 인정하기만 하면 된다. 우리가 진정 주님의 말씀을 우리 자신의 직관, 생각, 경험보다 그리고 다른 고상한 사상과 가르침보다 더 존귀하게 여긴다면, 그렇게 궁극적으로 주님만 신뢰하고 그분 말씀대로 나아간다면, 이 땅에서 사는 동안 다가오는 세대의 풍성한 생명을 미리 경험할 것이다(요 3:16 참조). 잘 알려진 찬송가 가사대로, "의지하고 순종하는 길은 예수 안에 즐겁고 복된 길"이다.[2]

주님께서 제자들을 은혜로 다시 방문하셨다. 부활하신 주님께서 그들을 세 번째로 찾아오셨다. 밤새 허탕만 쳤던 제자들, 헛수고의 공허함에 짓눌려 있던 제자들은 이보다 더 좋을 순 없을 것 같은 포획의 기쁨을 만끽했다. 하지만 요한복음은 여기서 바로 종결되지 않는다. 더 복되고 은혜로운 사건들이 아직 제자들을 그리고 우리를 기다리고 있다.

Chapter 4 _

그 베드로가 그립다

21:7예수께서 사랑하시는 그 제자가 **베드로**에게 이르되 주님이시라 하니 **시몬 베드로**가 벗고 있다가 주님이라 하는 말을 듣고 겉옷을 두른 후에 바다로 뛰어 내리더라 8다른 제자들은 육지에서 거리가 불과 한 오십 칸쯤 되므로 작은 배를 타고 물고기 든 그물을 끌고 와서(요 21:7-8)

부활하신 주님을 이미 두 차례 대면한 제자들은 베드로의 주도로 고기잡이에 나선다. 밤새 수고했지만 다 허사다. 작은놈 하나 걸려들지 않는다. 부활하신 주님이 그들을 세 번째로 만나주시려 이미 그들 곁에 와 계셨지만, 제자들은 그분을 인식하지 못한다. 호숫가에 서 있는 한 사람을 보았지만 그게 부활하신 예수님이신 줄은 상상조차 하지 않았다.

고기잡이에 나선 제자들이 밤새 허탕만 쳤음을 아시는 주님은 대화를 통해 그들로 하여금 밤새 작은놈 한 마리 건지지 못했음을 있는 그대로 인정케 하시고 "배 오른편으로 그물을 던지라" 명하시며 포획을 약속하신다. 제자들이 그저 주님 말씀대로 그물을 던졌더니 놀라운 일이 벌어진다. 밤새 제자들과 숨바꼭질을 했던 디베랴 바다의 물고기들이 한꺼번에 그물에 걸려든다. 철야 작업 내내 단 한 마리도 건지지 못하지 않았던가? 그러나 이제는 물고기가 단숨에 너무 많이 걸려들어 그물을 들어 올릴 수조차 없다.

그제야 "예수의 사랑하시는 그 제자" 요한이 부활하신 주님을 알아보고 이를 친구 베드로에게 바로 일러준다.

예수의 사랑하시는 그 제자가 **베드로**에게 이르되 주님이시라 하니(요 21:7)

사도 요한이 어떻게 바닷가에 서 있던 그분이 주님이심을 알아차렸을까? 요한이 다른 제자들보다 감수성이 더 발달해 있기 때문이라고 말할 수도 있겠다. 하지만, 더 중요하게는 아마도 몇 년 전에 이와 비슷한 경험을 한 적이 있었기 때문일 것이다. 누가복음 5:1-11에 따르면, 예수님께서 처음 베드로를 제자로 부르실 때도, 그는 밤새 허탕을 친 뒤 주님의 도움으로 기적적 포획을 경험한 일이 있었다. 누가복음 5:1-11의 기사는 다른 제자들보다 베드로에게 더 집중하고 있지만, 그의 동업자 야고보와 저자 요한도 분명 그 자리에 같이 있었다. 그들도 베드로와 함께 예수님을 따르기로 결단했다(눅 5:10-11).

신약성경에 있는 네 개의 복음서를 통틀어 예수님의 개입으로 기적적인 대량 포획을 이룬 사건은 딱 두 번 등장한다. 첫 번째가 누가복음 5:1-11이고 두 번째는 바로 요한복음 21:4-6이다. 처음 갈릴리에서 주님의 부르심을 받았던 때와 거의 동일한 포획의 기적이 사도 요한으로 하여금 해변에

서서 배 오른편으로 그물을 던지라 한 그분이 바로 부활하신 예수 그리스도이심을 인식하게 했을 것이다.

 바닷가에 서서 기적적 포획을 가능케 하신 그분이 바로 부활하신 예수님이시라는 동료 요한의 이야기를 듣자마자 베드로는 작업 하느라 벗어 두었던 겉옷을 서둘러 걸친다. 고기잡이 작업을 위해 겉옷을 벗은 채 일하고 있었기 때문이다. 그렇게 겉옷을 허겁지겁 둘러 주님에 대한 예의를 갖춘 후, 베드로는 주저 없이 물속으로 몸을 던진다. 겉옷을 갖춰 입고 헤엄치는 것이 불편하겠지만, 어부인 베드로에게 그 정도는 그리 어려운 일이 아니다.[1] 또 육지까지의 거리가 그다지 멀진 않았다. 더욱이 베드로에겐 주님에 대한 예의를 갖추는 것이 헤엄칠 때 편하고 불편하고의 문제보다 더욱 중요하다. 육지로부터 90미터가량 떨어진 가까운 지점에서 고기를 잡고 있었던 터라 다른 제자들처럼 배를 타고 와도 그리 오래 걸리진 않으련만 베드로는 주님을 빨리 뵈려는 열망에 하던 일을 모두 즉시 중단하고, 포획한 물고기도, 동료 제자들도, 그물도, 배도 모두 뒤로 한 채, 한 치의 주저함 없이 물속으로 몸을 던진다.

 주님을 먼저 알아본 것은 요한이었는데, 정작 물에 몸을 던진 것은 베드로다. 아마 감수성은 요한이 한 수 위지만,

행동력은 베드로가 앞서는 듯하다. 어찌 보면 좀 과장된 듯한 베드로의 이 같은 행동은 바다 위를 걷게 해 달라고 요청하는 한편(마 14:28), 칼을 마구 휘둘러 대제사장 종의 귀까지 잘랐던 경우처럼(요 18:10) 그의 과단성과 특심을 다시 한번 여실히 드러내 준다.

진리를 좇지 않는 열심은 매우 위험하다(롬 10:2 참조). 이분법적으로 판단을 하자면, 속도보다는 방향이 훨씬 중요하다. 하지만 복음의 진리를 소유하고 있음에도 삶과 사역에 대한 열정이라고는 잘 보이지 않는 경우를 자주 주변에서 경험한다. 사실 나 자신이 그런 모습은 아닌지도 솔직히 자문해 본다. 그 가운데 베드로의 과단성과 특심이 - 비록 위험성을 적잖이 내포하고 있을지언정 - 소중하게 느껴진다.

주님 계신 곳이라면 만사 제쳐 놓고 나아갈 수 있는 베드로의 열정이 과연 내 안에 살아 있는가? 혹시 주변에서 단 1초라도 주님을 먼저 뵙고자 물속으로 주저함 없이 몸을 던지는 베드로 같은 행동을 볼 때, 그것을 과장되고 형식적인 것이라, 성급하고 위험한 짓이라 꾸짖고 있지는 않은가? 향유를 주님 발에 붓는 마리아의 행동을 보면서 그것은 낭비라고, 균형감각을 심하게 상실한 행동이라고 비판하고 있는 것은 아닌가(요 12:1-8 참조)? 그런 비판을 통해 내 안에 주님 향한 열정이 사그라져 가는 것을 정당화하고 있지는 않은가? 열정과 특심이 남다르다 못해 성급하고 과장되게까지 느껴지는 베드로. 오늘따라 그 베드로가 왠지 그립다. 주님 향해 거침없는 '거룩한 낭비'를 일삼는 이들이 오늘따라 왠지 보고 싶다.[2]

> 시몬 베드로가 벗고 있다가 주님이라 하는 말을 듣고 겉옷을 두른 후에 바다로 뛰어 내리더라(요 21:7)

Chapter 5 _

기적보다 더 큰 기적

: 보존의 은혜

21:9육지에 올라보니 숯불이 있는데 그 위에 생선이 놓였고 떡도 있더라 10 예수께서 이르시되 지금 **잡은 생선을 좀 가져오라 하시니** 11**시몬 베드로**가 올라가서 그물을 육지에 끌어 올리니 가득히 찬 큰 물고기가 백쉰세 마리라 이같이 많으나 그물이 찢어지지 아니하였더라(요 21:9-11)

예수님은 부활 이후에도 제자들을 거듭 찾아주시는 은혜의 주님이시다. 부활하신 그리스도를 이미 두 번 대면한 베드로와 동료들은 함께 철야 고기잡이 작업에 나선다. 그러나 헛수고의 경험만 남는 듯했다. 밤새 허탕만 쳤으니 말이다.

    하지만 이미 디베랴 바닷가 제자들 곁에 와 계셨던 예수님은 제자들에게 기적적 포획의 은혜를 베풀어 주신다. "예수의 사랑하시는 그 제자" 요한은 그제야 바닷가에 서서 배 오른편으로 그물을 던지라 명하신 분이 주님인 줄 깨닫고 이 사실을 베드로에게 일러 준다(요 21:7). 열정과 특심이 남다른 베드로는 예수님을 빨리 뵙고 싶은 맘에 서둘러 겉옷을 두른 후, 동료들과 포획한 물고기들을 모두 뒤로 한 채 물속으로 몸을 던진다.

    뭍으로 올라온 제자들은 주님이 아침 식사를 위해 미리 피워 놓은 숯불을 발견하고 분명 감격했을 것이다.[1] 부활하신 주님께서 친히 조반을 준비해 놓으셨다. 이날 아침 메뉴는 생선과 떡이다. 조금 전까지 밤새 아무것도 잡지 못한 공허함과 허탈감에 짓눌려 있었는데, 이제는 한 마디로 잔치판이다!

주님께서 이미 생선과 떡을 준비하고 계셨고(요 21:9), 또 이제 막 기적적으로 포획한 큰 생선들을 가져오라고 명하신다(요 21:10). 그 말씀을 듣고 이번에도 베드로가 선수를 친다. 고기 잡는 일에도 앞장섰고, 주님을 알아본 후 단 1초라도 빨리 뵈려고 물속에 바로 몸을 던진 베드로가 다시 한번 선수를 친다. 베드로는 큰 물고기들로 가득한 그물을 뭍으로 옮긴다. 그리고는 너무 신기했는지 한 마리씩 세어본다. "하나, 둘, 셋, … 열, 스물, 서른…, 백, … 헉!" 모두 153마리나 된다.[2] 그것도 큰놈들로만 말이다. 아니, 어떻게 이런 일이 있을 수 있을까? 밤새 작은놈 하나 없었는데, 주님 말씀 따라 그물을 던졌더니 153마리가 그것도 큰놈들로만 한꺼번에 걸려들었다!

정말 주님 없이는 아무것도 할 수 없다. 그러나 주님과 함께하면 그리고 그분 말씀대로 하면, 수확하는 삶, 결실하는 사역을 경험한다. 물론 주님 따름으로 인해 어려움과 핍박도 많이 겪는다. 그러나 때가 이르면 반드시 거둘 것이다(막

10:30; 딤후 3:12; 갈 6:9 참조).

그런데 사실 기적적 포획보다 더 놀라운 기적이 있다. 그것은 바로 큰 물고기들이 그렇게 많이 걸려들었는데도 그물이 조금도 손상되지 않았다는 사실이다!

당시의 그물은 일반적으로 목화의 일종인 아마(亞麻)나 대마(大麻)로 만들어졌다. 그렇기에 쉽게 찢어졌고 자주 수선해야만 했다. 원래 제4복음서의 저자인 사도 요한도 그물을 수선하던 중에 주님의 부르심을 받지 않았던가(막 1:19 참조)? 그런데 원래 잘 찢어지는 편인 목화 재질의 변변치 않은 그물이 어떻게 큰 물고기 153마리를 견뎠을까? 아무리 봐도 주님의 특별한 보호 하심에 대한 암시가 느껴진다(요 21:18-19 참조). 작은 물고기 한 마리도 없던 디베랴 바다에서 큰 물고기 153마리가 단숨에 포획된 것은 분명 기적이다. 그러나 부실한 목화 재질의 그물이 153마리나 되는 큰 물고기들의 중량을 완벽하게 견뎌낸 것은 사실 그보다 더 큰 기적이다. 사도 요한은 의도적으로 이 사실을 강조한다.

이같이 [큰 물고기가] 많으나 그물이 찢어지지 아니하였더라(요 21:11)

처음에 베드로와 세베대의 아들을 부르실 때도 기적적 포획의 역사가 있었다(눅 5:1-11). 그러나 그때는 그물이 찢어졌었다. 아니, 그런데 이번에는 어떻게 그물까지 성할 수 있을까? 지금 도대체 무슨 일이 벌어지고 있는 것일까? 주님께서 지금 무슨 일을 하시려고 하는 것일까? 예수님이 무슨 말씀을 하시려고 하시는 걸까?

말기 암 환자가 기도를 통해 회복되면, 흔히들 기적이 일어났다고 말한다. 그러나 스트레스와 고통이 극심한 삶 가운데도 암에 걸리지 않는 것 역시 기적이다. 차가 폐차될 만큼 큰 교통사고가 났는데도 몸에 아무 이상이 없으면 기적이라고 말한다. 그러나 아예 교통사고 자체가 없었던 것에 대해서는 감격하는 이는 거의 없다. 우리는 이처럼 '기적'을 논할 때 보존의 은혜보다는 즉각적 치유와 회복에 편향적으로 초점을 두는 경향이 있다. 그러나 즉각적 치유와 회복만 기적이 아니다. 냉혹하고 버거운 삶과 사역의 현장 한복판에서 우리를 보존하시는 것 역시 주님이 베푸시는 놀라운 기적이다.

제자들은 디베랴 바다에서 이중의 기적을 경험했다. 그들에겐 엄청난 포획이 기적이듯 그물의 특별한 보존 역시 기적이었다. "이같이 많으나 그물이 찢어지지 아니하였더라"는 사도 요한의 목격담은 연약하고 흠 많고 실수투성이인 제자들을 보호하시는 주님의 은혜에 대해 잠시 멈추어 묵상하도록 우리를 초청한다(시 46:10 참조).

찢어지지 않은 그물은 주님께서 제자들, 나아가 그리스도의 몸 된 교회와 그 사역을 보존하신다는 상징적 메시지다(요 6:39; 10:28-29; 17:12; 18:8-9 참조).[3] 교회의 존재 및 그 사역에 대한 주님의 보호하심은 목양의 사역을 위임받은 베드로의 보존과도 연결되어 있다(요 21:15-19 참조). 베드로가 주님을 또 다시 부인하고 그의 믿음을 타협한다면 그가 돌보는 양무리들이 참혹하고도 파괴적인 타격을 입게 될 것이기 명백하기 때문이다.

사실 개인에게나 공동체에나 미래는 항상 불확실해 보이지만, 지난 일은 더 선명하게 보이는 법이다. 지난날들을 생각해 볼 때, 주님의 도우심 없었다면 벌써 쓰러지고 자빠져서 못 일어날 일들이 여러 번 있었다. 삶이 늘 쉽진 않았지만 여기까지 온 것은 오직 주님의 은혜다. 그 은혜로 연약하고 부족하고 죄악된 우리를 붙잡아 주시고, 인도해 주시고, 보존해주셨다. 그래서 우리가 여기까지 올 수 있었다(삼상 7:12 참조).

사실 오늘도 그리고 내일도 그리 다르지 않다. 우리 안에서 그리스도의 형상을 이루어가시는 주의 영을 통한 새 창조의 역사 가운데 어제보다 더 충성된 오늘, 그리고 오늘보다 더 신실한 내일을 믿고 기대하지만, 그렇다 해도 우리는 주님 앞에서 여전히 연약하고 부족하고 실수 많은 존재로 남아있을 것이다. 주님께서 다시 오셔서 구속의 역사를 완성하시는 그 날까진 말이다(요 21:22 참조).

하지만 지금까지 우리를 붙잡아 주시고 보존해 주신 은혜의 주님께서 오늘도, 내일도 그리고 이 땅에서 우리 생을 마감하는 그날까지도 연약한 우리를 그렇게 보호해 주시고 지켜 주실 것을 믿는다. 그 가운데 연약하고 부족한 우리를 통해서도 하나님 나라의 귀한 사역을 이뤄가시는 기적을 베푸실 것 또한 믿는다. 그렇다. "사망이나 생명이나 천사들이나 권세자들이나 현재 일이나 장래 일이나 능력이나 높음이나 깊음이나 다른 아무 피조물이라도 우리를 우리 주 그리스도 예수 안에 있는 하나님의 사랑에서 끊을 수" 없다(롬 8:38-39). 그렇기에 나는 오늘도 주님을 신뢰하고 내일도 주께 모든 것을 의탁할 것이다.

주님의 보존하심에 대한 사도 요한의 목격담은 사실 우리 모두의 고백이다. 하나님 나라의 백성 된 모든 이의 고백이며, 예수를 주로 모시는 제자공동체의 예외 없는 고백이다.

이같이 많으나 그물이 찢어지지 아니하였더라(요 21:11)

Chapter 6 _

쉐프 예수 (Jesus the Chef)

21:12예수께서 이르시되 **와서 조반을 먹으라** 하시니 제자들이 주님이신 줄 아는 고로 당신이 누구냐 감히 묻는 자가 없더라 13예수께서 가셔서 떡을 가져다가 그들에게 주시고 생선도 그와 같이 하시니라(요 21:12-13)

거듭 제자들을 다시 찾는 부활 예수의 은혜로운 방문으로(요 21:1, 14 참조) 이제 제자들 가운데 예수 부활에 대한 확신이 자리 잡게 된다.

> 제자들이 주님이신 줄 아는 고로 당신이 누구냐 감히 묻는 자가 없더라 (요 21:12)

그들은 이제 부활하신 주님을 거듭 들었고, 눈으로 보았으며, 손으로 만졌다(요일 1:1; 요 20:19-23, 20:24-29; 21:1-14 참조). 다소 신학적인 표현을 사용하자면, 십자가에 달려 돌아가신 갈릴리의 랍비 예수와 부활하신 그리스도 사이의 연속성에 대한 확신이 이제 제자들 안에 깊이 뿌리내렸다! 그리고 부활의 예수님께서 그의 제자들을 아침 식사로 초대하신다.

"와서 조반을 먹으라"(요 21:12).

다시 사신 그리스도께서 친히 제자들의 아침 밥상을 차려 주신다. 이 밥상은 제자들이 고기를 잡는 동안 주님께서 미리 준비해 두신 것이다. 베드로가 가서 주님의 도움으로 포획한 물고기를 가져오기에 앞서 이미 숯불 위에 생선이 놓여 있었고 떡도 함께 준비되어 있었다(요 21:9-11).

이 특별한 날의 아침 메뉴는 떡과 생선인데(요 21:13), 이 조합은 자연스럽게 오병이어 사건을 회상시킨다(요 6:1-14). 요한복음 6장의 오병이어의 기적과 요한복음 21장의 이 특별한 아침 식사 모두 디베랴 바닷가에서 벌어진 일인데, 사실 신약성경에서 '디베랴'라는 명칭이 사용된 것은 요한복음 6장과 21장에서뿐이다(요 6:1, 23; 21:1). 부활하신 주님께서 제자들에게 떡과 생선으로 풍성히 먹여주신 사건이 '디베랴' 바닷가에서 일어났다는 사도 요한의 기록은 자연스럽게 이날의 아침 식사를 오병이어의 기적과 중첩시킨다. 부활의 주님과 함께 하는 식사는 말하자면 오병이어적 잔치다. 예수의 제자들이 부활의 공동체로 모여 그리스도의 영을 모시고 사랑과 연합의 식탁 교제를 나눌 때마다 그 식사는 단순한 끼니 해결이 아니라 오병이어 기적 같은 그리스도의 잔치로 승화된다.

남자만 오천 명이나 되는 큰 무리가 다 먹고 열두 광주리가 남을 정도로 풍성히 군중들의 필요를 공급하셨던 주님께서 이날 아침에는 미리 조반을 준비해 두신 데다가 153마리의 큰 물고기들까지 추가로 포획하게 하신다. 밤샘 노동에 지치고 허기진 제자들을 그렇게 풍족하게 먹이신다.

헬라어 본문에 나타나 있는 대로, 주님께서 "지금 잡은 생선을 좀 가져오라" 명하실 때 153마리를 다 가져오라고 말씀하신 게 아니다(요 21:10). "지금 잡은 생선을 좀 가져오라"로 번역된 부분은 헬라어로 *에넹카테 아포 톤 옵싸리온 혼 에피아싸테 눈*인데, 직역하면 "지금 막 잡은 생선 중 일부를 가져오거라"가 된다. 이날 아침 디베랴 해변에는 베드로를 포함한 일곱 명의 제자가 있었다. 예수님까지 포함하면 총 여덟 명이니까, 포획한 153마리를 인원수(여덟 명)로 나누면 대략 한 사람당 19마리의 대형 생선을 먹을 수 있다. 거기에 주님께서 미리 준비하신 생선과 떡까지 추가해서 계산한다면, 이날 아침 디베랴 바닷가에는 제자들이 먹고, 먹고 또 먹어도 넘치게 남을 정도로 풍성한 음식이 준비되어 있었다. 한국식으로 말하자면, 잔치 마치고 집에 다 싸 가고도 남을 만큼 풍성한 양의 음식이 있었다.

주님께서는 제자들이 아침 먹는 데 필요한 것만 잡게 하신 게 아니다. 넘치고 또 넘칠 정도로 포획하게 하셨고, 이 일을 통해서 제자들이 앞으로 살면서 그리고 복음 사역을 감당하면서 주님의 공급 하심에 대해 신뢰하도록 이끄신다. 제자들은 이 일을 통해 주님이 얼마나 능력 있으시고 풍성한 분이신지를 배워야 한다. 예수님은 제자들 삶과 사역의 모든 필요를 공급해 주시는 분이시다(물론 제자들이 철없이 원하고 갈망하는 것들을 여과 없이 다 허락하신다는 뜻은 아니다!). 동시에 이 같은 포획의 기적은 앞으로 주님과 동행하는 제자들의 사역 가운데 풍성한 영적 수확이 있을 것에 대해 상징적으로 암시한다.[1]

주님께서는 잠시 후 베드로가 주님의 양무리를 먹이는 사역을 하도록 세워주실 것이다(요 21:15-17). 그러나 그에 앞서 먼저 베드로를 자상하게 먹여 주신다.

> 예수께서 가셔서 떡을 가져다가 그들에게 주시고 생선도 그와 같이 하시니라(요 21:13)

전에 오병이어의 기적 때는 주님께서 제자들을 통해 군중을 먹이셨다(요 6:11; 눅 9:16 및 공관복음 병행구). 그러나 부활 후 제자들을 세 번째로 방문하신 이 자리에서는 주께서 제자들을 먹이신다. 제자들은 사역자가 아니라 부모의 돌봄과 공급함을 경험하는 어린아이처럼 주께서 친히 먹여주심을 경험한다.[2] 베드로와 동료 제자들은 그렇게 주님의 전적인 사랑과 은혜를 입는다. 우리의 삶과 사역은 주님의 은혜로운 공급 없이는 결코 존재할 수도, 지속할 수도 없다. 단언컨대, 껍데기는 어떻게 유지될 수 있을는지 몰라도 속은 절대 그렇지 않다! 이날 아침 베드로와 제자들이 그랬듯, 우리 역시 먼저 주님께서 공급해 주시는 양식을 받아먹은 후에야 다른 이들을 먹일 수 있다.

이날 아침 식사와 관련해서 한 가지 더 생각해 볼 것이 있다. 우리는 부활의 몸에 대해 생각할 때 종종 과도하게 영적으로만(hyper-spiritually) 생각하는 경향이 있다. 부활의 몸이 마치 이 세상에서 완전히 유리되고 분리된 실체인 것처럼 생각하는 경향 말이다. 아울러 '영성'(spirituality) 그리고 '영적'(spiritual) 같은 단어에 대해서도 극단적인 이원론을 취하는 경우가 빈번하다. 그렇기에 말씀과 기도는 거룩하게 생각하지만(이것은 그 자체로는 물론 백번 옳다!), 일상의 삶은 열등하고 심지어 죄악 된 실체로까지 보는 것이다(이것은 성경적으로 명백히 잘못되었다!). 요한복음 21장에 따르면, 부활하신 주님은 영광의 몸을 입으셨으되 결코 과도하게 영적이시지는(hyper-spiritual) 않으시다.

부활 후 제자들을 세 번째로 만나주신 주님은 밤샘 노동으로 지친 제자들을 위해 자상하게 아침 밥상을 차려 주신다. "내가 부활의 몸을 입었는데 너희 하찮은 끼닛거리 챙기는 일이나 신경 쓰게 생겼니?"라고 말씀하지 않으신다. 오히려 이 땅에 발을 딛고 살아가는 제자들의 필요와 고민을 친히 헤아리시고 그들의 삶의 자리 바로 거기서 친히 그들을 만나주시고 도와주시고 공급해 주신다.

십자가를 향해 나아가시며 제자들의 발을 친히 씻기셨던 예수님이 바로 부활하신 그리스도시다. 십자가에서 제자들의 죄를 그리고 세상 죄를 대신 담당하셨던 그 예수님이 바로 영광의 주님이시다. 부활의 주 예수님은 그 영광의 몸으로 겸손히 제자들의 밥상을 챙겨 주신다. 디베랴 해변의 식당 봉사를 자청하셨다. 십자가를 지러 예루살렘으로 올라가시면서 주셨던 "너희 중에 누구든지 으뜸이 되고자 하는 자는 모든 사람의 종이 되어야" 한다는 그 가르침을 영광스러운 부활의 몸으로 친히 시연하신다(막 10:44). 우리가 믿고 따르는 부활 예수가 그런 분이라면, 필시 참된 제자도란 일상의 삶에서 매일 그분의 사랑의 섬김을 모방하는 것이리라.

영적인 삶이란 결코 일상을 회피하거나 적대시하는 게 아니다. 예수님은 제자들을 세상에서 데려가 주십사 기도하지 않으시고 그들을 이 세상의 한복판에서 보존해 달라고 아버지께 기도하셨다(요 17:15 [마 6:13 참조]). (우리가 믿는 예수 그리스도는 영지주의의 거짓 구세주와 그렇게 극명하게 구분되는 분이시다!) **영적인 삶이란 매일 삶의 한복판에서 크고 작은 도전들을 직면하는 중에도 주님의 영의 인도를 따라 한 걸음씩 용기 있게 앞으로 발을 내딛**

는 것이다. 그리고 그 가운데서 십자가와 부활의 주 예수님을 본받아 내 옆에 있는 이들을 겸손으로 돌보고 사랑으로 먹이는 것이다(요 21:15-17 참조).

> 예수께서 이르시대 와서 조반을 먹으라 하시니 …… 예수께서 가셔서 떡을 가져다가 그들에게 주시고 생선도 그와 같이 하시니라(요 21:12-13).

Chapter 7 _

호 퀴리오스 에스틴! 주님이시다!

21:7예수께서 사랑하시는 그 제자가 베드로에게 이르되 주님이시라(호 퀴리오스 에스틴) 하니 시몬 베드로가 벗고 있다가 주님이라(호 퀴리오스 에스틴) 하는 말을 듣고 겉옷을 두른 후에 바다로 뛰어 내리더라 12예수께서 가라사대 와서 조반을 먹으라 하시니 제자들이 주님이신 줄(호 퀴리오스 에스틴) 아는 고로 당신이 누구냐 감히 묻는 자가 없더라(요 21:7, 12)

디베랴 해변에 서 계신 예수님을 알아보지 못하던 제자들은 밤새 허탕만 치던 중 예수님의 도움으로 기적적인 포획을 경험한다. 이 일을 통해 "예수의 사랑하시는 그 제자" 요한이 먼저 주님을 알아보고 베드로에게 이를 일러준다(21:7). 베드로는 모든 것을 뒤로하고 주님을 만나고자 삽시간에 겉옷을 두른 후 물속으로 몸을 던진다. 뭍으로 올라가 보니 예수님께서 제자들을 위해 조반을 미리 차려 놓으셨다.

　요한의 보고에 따르면, 부활하신 예수님은 베드로와 다른 제자들을 세 번 찾아와 주셨다. 두려움에 떨고 있는 그들을 처음 찾아주셨을 때는(요 20:19-23 참조) 자신들 눈앞에 서 있는 존재가 과연 부활하신 예수님인지 아니면 그의 천사나 영인지 의심했을 수 있겠지만, 주님의 거듭된 방문을 통해 스승의 부활을 확신하게 된다. 그렇기에 제자들은 "근데 누구시죠?"라는 질문 따위는 하지 않는다. "제가 볼 때는 예수님 같으신데 정말 부활하신 것 맞으시죠? 혹시 예수님의 영이나 천사는 아닌가요?"라고 물으며 불필요한 확인 작업을 벌이지도 않는다(눅 24:37 참조). 제자들은 디베랴 바닷가에서 그들과 함께 계신 그분이 바로 부활하신 예수님이심을 확실히 인식했다.

> 제자들이 **주님이신 줄**(호 퀴리오스 에스틴) 아는 고로 당신이 누구냐 감히 묻는 자가 없더라(요 21:12)

요한복음 21:12에서 "주님이신 줄"이라고 하는 부분은 헬라어로 호 퀴리오스 에스틴이다. 그런데 이 헬라어 표현은 사실 21장 앞부분에서 이미 반복적으로 사용되었다. 21:7에서 주께서 사랑하시는 그 제자가 베드로에게 "주님이시라"라고 말할 때, "주님이시라" 역시 헬라어로 호 퀴리오스 에스틴이다. 또한, 같은 절에서 베드로가 "주님이라" 하는 요한의 말을 들었다고 묘사할 때, 거기 "주님이라"는 표현 역시 헬라어로 호 퀴리오스 에스틴이다.

> 예수께서 사랑하시는 그 제자가 베드로에게 이르되 주님이시라(호 퀴리오스 에스틴) 하니 시몬 베드로가 벗고 있다가 주님이라(호 퀴리오스 에스틴) 하는 말을 듣고(요 21:7)

이처럼 저자 요한은 21:7과 21:12에서 "주시라"(호 퀴리오스 에스틴)을 세 차례 반복하여 사용함으로써 디베랴 바다에서 밤샘 노동을 하는 제자들을 친히 찾아오셔서 포획의 기적을 선사하시고 그들에게 오병이어적 식사를 베풀어 주신 분이 부활하신 예수님이심을 확실히 증거한다. 사도 요한은 21:1-14의 짧은 구절에서 "주님이시다!"(호 퀴리오스 에스틴)는 선언을 세 번이나 반복함으로써 예수 부활의 확실성을 강조하여 선포한다.[1]

21:7과 12절에 거듭 등장하는 "주님이시라"(호 퀴리오스 에스틴)와 구조적으로 동일한 표현이 사실 앞에서 한 차례 사용되었는데, 21:4의 "예수신 줄"에 해당하는 부분으로 헬라어로는 *이에수스 에스틴*이다. 이 헬라어 표현 *이에수스 에스틴*과 앞서 여러 번 언급된 *호 퀴리오스 에스틴* 사이에는 단 한 가지 차이가 존재하는데, 바로 4절에서는 *호 퀴리오스*(주[the Lord]) 대신 고유명사 *이에수스*(예수[Jesus])가 사용되었다는 것이다.

> 제자들이 예수신 줄(*이에수스 에스틴*) 알지 못하는지라(요 21:4)
>
> 예수께서 사랑하시는 그 제자가 베드로에게 이르되 주님이시라(*호 퀴리오스 에스틴*) 하니 시몬 베드로가 벗고 있다가 주님이라(*호 퀴리오스 에스틴*) 하는 말을 듣고(요 21:7)
>
> 제자들이 주님이신 줄(*호 퀴리오스 에스틴*) 아는 고로(요 21:12)

요한복음 21:4과 7, 12절을 비교해 보면, 사도 요한이 '예수'와 '주'를 서로 상호교환 가능한 단어로 사용한다는 사실이 분명해진다![2] 요한은 이를 통해 십자가에 달려 죽은 갈릴리 랍비 예수와 부활하신 영광의 그리스도가 같은 분임을 확인해 준다. 공생애 기간 제자들을 직접 가르쳐주시고, 그들 눈앞에서 수많은 표적을 행하셨으며, 그들과 함께 묵으셨던 랍비 예수와 부활하신 그리스도가 바로 한 분임을 증거한다. 제자들과 함께 팔레스타인 땅을 밟고 걸으시던 그 예수가 바로 의심 많던 도마가 "나의 주, 나의 하나님"으로 고백한 부활의 메시야다(요 20:28). 디베랴 바닷가에서 물고기 다섯과 떡 두 개로 오천 명을 먹이셨던 그 예수님이 바로 지금 디베랴 바닷가에서 제자들에게 아침 식사를 베푸신 부활의 주님이시다. 로마의 사형 틀에서 돌아가셨던 그들의 스승이 바로 죽음의 통치를 폐허로 만들고 다시 살아나신 영광의 왕이시다.

호 퀴리오스 에스틴("주님이시다")은 사도 요한이 전하는 예수님의 부활 소식이다! 예수님이 부활하지 않으셨다면 요한복음 1-19장은 그저 공허한 울림에 지나지 않을 것이다. 기껏해야 최면적 명상의 수준을 넘지 못할 것이다. 그러나 사도 요한이 강조하여 선포하고 있는 대로 예수님은 부활하셨다!

죽음을 이기시고 다시 살아나셔서 낙심한 제자들을 다시 그리고 또다시 찾아와 주시며(요 20:19-23; 20:24-29; 21:1-14), 지금도 우리 가운데 그의 영을 통해 여전히 살아 역사하신다.

두려워하는 제자들과 함께해 주셨던 부활 예수는 쉽사리 두려움과 의심에 빠지는 우리와 지금 함께 해 주신다. 그렇기에 호 퀴리오스 에스틴은 단지 사도 요한의 고백일 뿐 아니라, 우리들의 고백이다. "주님이시다!"라는 요한의 거듭된 외침은 그저 베드로 한 사람만 흥분케 하는 소식이 아니라, 우리 모두를 매일 흥분하게 만드는 복된 소식이다.

> 예수께서 사랑하시는 그 제자가 베드로에게 이르되 주시라(호 퀴리오스 에스틴) 하니 시몬 베드로가 벗고 있다가 주라(호 퀴리오스 에스틴) 하는 말을 듣고 겉옷을 두른 후에 바다로 뛰어 내리더라(요 21:7)

호 퀴리오스 에스틴!
주님이시다!

2부

베드로의 회복

(요 21:15-19)

오병이어 사건을 회상시키는 잊지 못할 아침 식사 후,
예수님은 베드로와 의미심장한 대화를 시작하시는데…

Chapter 8   실패 직면: 회복의 지름길

Chapter 9   주여 모든 것을 아시오매

Chapter 10   목양사역의 단 한 가지 조건

               : 쉐마(Shema)적 사랑

Chapter 11   주님의 양

Chapter 12   베드로가 용서받을 수 있는 이유

Chapter 13   하나님께 영광? 하나님께 영광!

Chapter 14   주님의 보존 하심과 제자도

Chapter 8 _

실패 직면

: 회복의 지름길

21:15그들이 조반 먹은 후에 예수께서 시몬 베드로에게 이르시되 요한의 아들 시몬아 네가 이 사람들보다 나를 더 사랑하느냐 하시니 이르되 주님 그러하나이다 내가 주님을 사랑하는 줄 주님께서 아시나이다 이르시되 내 어린 양을 먹이라 하시고 16또 두 번째 이르시되 요한의 아들 시몬아 네가 나를 사랑하느냐 하시니 이르되 주님 그러하나이다 내가 주님을 사랑하는 줄 주님께서 아시나이다 이르시되 내 양을 치라 하시고 17세 번째 이르시되 요한의 아들 시몬아 네가 나를 사랑하느냐 하시니 주께서 세 번째 네가 나를 사랑하느냐 하시므로 베드로가 근심하여 이르되 주님 모든 것을 아시오매 내가 주님을 사랑하는 줄을 주님께서 아시나이다 예수께서 이르시되 내 양을 먹이라(요 21:15-17)

디베랴 바다에서 밤새 고기잡이를 했으나 아무것도 건지지 못한 제자들의 허탈한 삶 한복판으로 부활하신 주님께서 직접 찾아오신다. 밤새 허탕만 친 제자들에게 엄청난 포획의 기적을 선물해 주시고 이로 인해 그들의 공허함이 극복되게 하신다. 153마리의 큰 물고기가 단숨에 잡힌 것도 기적이거니와 목화 재질의 변변치 않은 그물이 그 많은 물고기의 중량을 견뎌내고 성하게 보존된 것이 사실 더 놀라운 기적이다. 주님께서는 밤샘 노동으로 지친 제자들을 위해 친히 아침 식사를 차려 놓으셨다. 이 식사는 오병이어 사건을 회상시키는 아주 특별한 밥상이다(요 6:1-14 참조). 그러나 요한복음은 여기서 끝나지 않는다. 21:15은 "저희가 조반 먹은 후에"로 시작하는데, 이 특별한 식사 이후에 아직 무언가 중요한 일이 남아있음을 암시한다.

오병이어 사건을 연상시키는 극적인 아침 식사 후, 주님께서 베드로에게 "네가 이들보다 나를 더 사랑하느냐?"고 물으신다(요 21:15). 여기서 "이들(헬: 투톤)"은 헬라어 문법상 베드로의 동료 제자들을 가리킬 수도 있고, 또 베드로가 포획한 물고기들과 그물, 배를 포함한 그의 어업 활동 전반을 지칭할 수도 있다. 요한복음 21장에서 고기잡이로 돌아간 베드로를 예수님께서 제자로 회복시키시는 장면을 보고 있노라면(요 21:2-3), 그리고 저자인 사도 요한이 이 장면을 일전에 고기 삽는 일을 하다가 제자로 부르심을 받았던 장면(눅 5:1-11 참조)과 중첩하고 있음을 생각하노라면, 아마 어업 활동 전반을 지칭하는 것으로 보는 것이 더 설득력 있는 듯하다. 그러나 "이들"이란 지시대명사가 어느 쪽을 가리키든 간에 예수님께서는 "네가 이들보다 나를 더 사랑하느냐?"는 질문을 통해 주님 자신이 진정 베드로의 궁극적 사랑의 대상인지를 묻고 계심이 분명하다.

주님은 같은 질문을 세 번씩이나 반복하신다.[1]

> 네가 이 사람들보다 나를 더 사랑하느냐…… 네가 나를 사랑하느냐……
> 네가 나를 사랑하느냐(요 21:15, 16, 17)

그런데 세 번째로 질문하셨을 때, 베드로가 "근심"했다고 기록되어 있다.

> 주께서 세 번째 네가 나를 사랑하느냐 하시므로 베드로가 근심하여 가

로되(요 21:17)

여기서 '근심하다'라는 동사는 헬라어로는 *루페오*인데, 이 단어는 '고통을 느끼다' 혹은 '심각한 내적 진통을 하다' 등의 강도 높은 뜻을 담고 있다. 실제로 요한복음 16:20에서는 같은 동사가 제자들이 예수님의 죽음을 슬퍼하는 모습을 묘사하는 데 사용된다.

> 내가 진실로 진실로 너희에게 이르노니 너희는 곡하고 애통하겠으나 세상은 기뻐하리라 너희는 근심하겠으나(헬라어 동사 *루페오*) 너희 근심이 도리어 기쁨이 되리라(요 16:20)

그런데 베드로는 왜 세 번째 질문을 받고 나서 심한 내적 진통을 느꼈을까? 왜 세 번째 질문에 이르러서야 갑작스럽게 내면적 진통이 돌출하게 된 것일까?

그것은 세 번 연속된 질문이 베드로가 예수님을 세 번 부인한 사건을 직접 연상시켰기 때문이다. 세 번의 부인(요 18:17, 25, 27)과 세 번의 사랑 고백(요 21:15, 16, 17)은 서로 대조적 평행을 이룬다.[2] "네가 나를 사랑하느냐"는 예수님의 질문이 세 번째로 반복될 때, 베드로는 주님의 의도를 정확히 이해했다. 주님께서는 시몬 베드로가 자신의 실패를 솔직히 직면하고 잘못을 인정함으로써 진정한 회복의 길로 나아가도록

돕고 계신 것이다.³

주님께서는 베드로가 스스로의 실패를 간과하게 하지 않으시고 이를 직면케 하신다. 지난 일이니 그냥 덮어두자고 하지 않으신다. 도리어 강력한 내적 통증까지 수반하는 적나라한 직면의 과정을 통해 쓰러진 제자를 회복시켜 주님의 양을 돌보는 목자로 그리고 충성스러운 제자로 세우신다. 과거를 있는 그대로 인정하고, 실패를 있는 그대로 직면하는 것이 회복의 지름길이다. 그러한 적나라한 직면 없이는 참된 회복도 없기에 주님께서 베드로가 자신의 실패를 있는 그대로 대면케 하신다.

주님의 십자가 은혜와 죄 용서를 강조하는 과정에서 과거의 잘못과 실패를 아예 회피하거나 적당히 덮어두려는 경우가 적잖이 있다. 하지만 죄에 대한 참된 인정과 스스로 죄인이라는 분명한 인식 없이 구주의 십자가를 겸손히 의지하는 것이 가능한지 모르겠다. 아울러 실패에 대한 진정한 시인 없이 참된 회복이 가능한지 모르겠다. 디베랴 바닷가에서 베드로를 만나주신 주님은 베드로 스스로가 변절자요 배신자였음을 있는 그대로 받아들이게 하신다.

그러나 주님께서 베드로가 자신의 실패를 처절하리만큼 있는 그대로 직면케 하심은 결코 이 제자를 넘어뜨리기 위함이 아니다. 그를 유기하시려고 그렇게 하시는 게 아니다. 도리어 그를 다시 일으켜 세우려 하심이요, 그를 '다시 살리시기' 위함이다!⁴

우리의 경우도 마찬가지다. 주님께서 우리가 스스로의 실패를 있는 그대로 직면케 하심은 궁극적으로 우리를 심판하기 위해서가 아니라, 우리를 회복시키기 위함이다(우리의 죄에 대한 심판은 주님께서 이미 십자가에서 모두 받으셨다 [요 1:29; 19:30 참조]!). 이를 이해한다면, 주님의 제자들은 – 비록 심한 내적 통증을 피할 수 없는 경우라도 – 스스로의 실패를 있는 그대로 직면해야 한다. 자신의 죄를, 실수를, 쓰라린 과거를 있는 그대로 받아들여야 한다. 그런 직면의 과정에서 느끼는, 피할 수 없는 내적 진통이 있다면 그것은 사실 은혜의 표징이요 놀라운 회복의 전조일는지 모른다. 적어도 이날 아침 베드로에겐 그랬다.

Chapter 9 _

주여 모든 것을 아시오매

세 번째 이르시되 요한의 아들 시몬아 네가 나를 사랑하느냐 하시니 주께서 세 번째 네가 나를 사랑하느냐 하시므로 베드로가 근심하여 이르되 주님 모든 것을 아시오매 내가 주님을 사랑하는 줄을 주님께서 아시나이다(요 21:17)

부활하신 주님이 친히 차려 주신 디베랴 바닷가에서의 잊지 못할 아침 식사 후에 예수님은 "네가 나를 사랑하느냐?"는 질문을 베드로에게 거듭 또 거듭 던지신다. 같은 질문을 세 번째로 반복하실 때, 베드로는 자신이 주님을 세 번 부인했던 사건을 직면케 된다. 그러한 직면의 과정으로 인해 심한 내적 진통을 느끼는 중, 베드로는 "주여 모든 것을 아시오매 내가 주를 사랑하는 줄을 주께서 아시나이다!"라고 고백한다(요 21:17). 앞선 주님의 첫 번째 그리고 두 번째 질문에는 "주께서 아시나이다"(요 21:15, 16)로 대답했다. 그러나 세 번째 질문에 답할 때 시몬 베드로는 예수님이 모든 것을 다 아신다는 점을 특별히 강조한다(요 21:17).[1]

> 주여 모든 것을 아시오매 내가 주님을 사랑하는 줄을 주님께서 아시나이다(요 21:17)

베드로는 지금 이 순간 감히 주님을 사랑한다고 고백하기 어려운 상황 가운데 놓여 있다. 얼마 전 주님을 세 번 부인하지 않았던가?(요 18:15-27 [13:38 참조]). 그것도 한 치의 주저함 없이 말이다. 세 번이나 그렇게 주님을 부인한 자가 이제 와서 어찌 감히 주를 사랑한다 고백할 수 있겠는가? 전에도 말로는 주를 위해 목숨을 내놓겠다고 당당히 선포했었다(요 13:37). 하지만 그 결과는 참으로 비참했다. 주님에 대한 거듭 또 거듭된 부인뿐이었다. 처절한 실패였다.

우리도 실존적으로 이와 비슷한 상황을 경험한다. 주님을 위해 모든 것을 던지겠다고 다짐했고, 또 그렇게 지금도 외치지만, 우리의 삶은 너무나 자주 타협으로 얼룩져 있다. 주님을 사랑한다고 고백했고 또 지금도 주님을 사랑한다고 선포하지만, 자신도 모르게 자기 삶이 세상을 향해 아주 굽어 있음을 발견하고 소스라치게 놀란다. 세상과 타협하지 말라고, 절대 세상을 좇지 말라고 남들에게 외치지만, 종종 우리 자신의 삶 가운데 세상이 너무 깊이 들어와 뿌리 내리고 있음을 발견한다. 넘어진 목회자와 성도들을 향해 쉽사리 손가락질하지만, 우리 삶 가운데 그런 타협이(적어도 그런 타협의 씨앗들이 강한 생명력을 갖고) 존재함을 다 숨길 수는 없다. 때때로 용과 싸우다 용과 같이 되어버린 것 같은 자신의 모습에 자괴감마저 들기도 한다. 그런 우리가 어떻게 감히 주님을 사랑한다 말할 수 있겠는가? 어떻게 감히 예수님이 내 헌신과 충성의 궁극적 대상이라고 고백할 수 있겠는가?

사실 사람들은 베드로의 사랑 고백을 비웃을지 모른다. 이 날 아침 디베랴 바닷가의 사랑 고백이 가진 진정성도 의심할 가능성이 농후하다. '베드로 청문회'가 열린다면, 베드로가 살아남기 위해서 말 바꾸기를 하고 있다는 판단이 주류 의견이 될 것이다. "말로는 무엇을 이야기 못 하겠는가?", "얼마 전에도 순교를 불사하겠다는 이야기를 내뱉었지만, 그 결과는 주님에 대한 철저한 배반 아니었는가(요 13:37 참조)?" 청문위원들은 그렇게 시몬 베드로를 맹렬히 비난할 것이다.

그러나 자신의 실패를 있는 그대로 직면하는 고통의 한복판에서 베드로는 한 가지 사실, 즉 주님이 모든 것을 다 아신다는 진리에 주목한다.

주님 모든 것을 아시오매(요 21:17)

그렇다. 주님은 모든 것을 아신다.[2] 시몬 베드로가 어떻게 주님을 배반하고 부인했는지 그 과정을 세세히 모두 다 아신다. 지금 자신의 처절한 실패를 직면하는 가운데 베드로가 느끼는 강력한 내적 진통도 그리고 그를 짓누르는 정죄감과 실패의 무게도 친히 다 헤아리신다. 베드로의 인생 실존의 한복판에 존재하는 수많은 모순과 긴장을 빠짐없이 하나하나 다 이해하신다. 베드로가 그간 얼마나 많은 죄와 실수를 범했는지 다 아신다. 앞으로도 베드로의 연약함이 완전히 가시지는 않을 것 또한 잘 아신다. 그가 위선에 빠져 복음의 진리대로 행하지 않는 우를 범할 것 역시 모두 아신다(갈 2:11 이하 참조). 하지만 동시에 지금 이 순간 주님을 사랑한다 말하는 베드로의 어찌 보면 모순된 것 같은 고백 가운데 담긴 진정성 역시 모두 헤아리신다.[3] 그렇다! 주님은 모든 것을 아신다!

베드로의 사랑 고백을 보면서 좀 뻔뻔하다는 생각이 든다. 그리고 주님께 대한 우리의 사랑 고백에 대해서도 사실 같은 생각이 스친다. 삶의 실존 한복판에서 우리 자신의 삶과 신앙고백이 스스로에게조차 모순처럼 느껴질 때도 있다. 그러나 심지어 그럴 때라도 우리 안에 주님 향한 진정한 사랑이 실로 존재한다면, 시몬 베드로와 함께 주께서 모든 것을 아신다는 진리를 붙잡고 용기 있게 사랑을 고백해야 한다. 주님께서는 모든 것을 다 아신다. 주님께서는 모든 것을 다 헤아리신다. 내 처절한 실패도 그리고 내 진실한 사랑도… 주님께 숨겨진 것이란 존재하지 않는다. 우리가 살아온 날들, 그 가운데 담겨 있는 죄와 실수, 슬픔과 고통, 후

회와 회한, 그 모든 것을 주께서는 이미 다 아신다. 다른 사람들은 몰라도 주께서는 다 아신다. 심지어 내가 모르는 것, 기억하지 못 하는 것, 심지어 왜곡되게 기억하는 것까지도 주께서는 다 헤아리신다. 주님은 우리가 지금 처해 있는 상황을 다 헤아리시며, 우리가 앞으로 겪게 될 일들에 대해서도 소상히 아신다.

그렇기에 그냥 우리 모습 이대로 주께 나아가 우리의 진실한 사랑을 고백하면 된다. 모순과 긴장으로 가득 차 있는 우리 실존의 한복판에서 우리 부족한 모습 이대로 그리고 우리의 진정한 사랑 그대로 주께 올려 드리면 된다. 모든 것을 다 아시고 모든 것을 다 헤아리시는 주님 앞에 우리 역시 시몬 베드로처럼 "주여 모든 것을 아시오매"라고 고백하면 된다.

> 주님 모든 것을 아시오매 내가 주님을 사랑하는 줄을 주님께서 아시나이다(요 21:17)

Chapter 10 _

목양사역의 단 한 가지 조건

: 쉐마(Shema)적 사랑

21:15그들이 조반 먹은 후에 예수께서 시몬 베드로에게 이르시되 요한의 아들 시몬아 네가 이 사람들보다 나를 더 사랑하느냐 하시니 이르되 주님 그러하나이다 내가 주님을 사랑하는 줄 주님께서 아시나이다 이르시되 내 어린 양을 먹이라 하시고 16또 두 번째 이르시되 요한의 아들 시몬아 네가 나를 사랑하느냐 하시니 이르되 주님 그러하나이다 내가 주님을 사랑하는 줄 주님께서 아시나이다 이르시되 내 양을 치라 하시고 17세 번째 이르시되 요한의 아들 시몬아 네가 나를 사랑하느냐 하시니 주께서 세 번째 네가 나를 사랑하느냐 하시므로 베드로가 근심하여 이르되 주님 모든 것을 아시오매 내가 주님을 사랑하는 줄을 주님께서 아시나이다 예수께서 이르시되 내 양을 먹이라(요 21:15-17)

오병이어의 기적을 연상시키는 잊지 못할 아침 식사 후, 예수님은 베드로와 의미심장한 대화를 시작하신다. "네가 나를 사랑하느냐"는 질문을 거듭 반복하심으로써 이 실패한 제자가 자신의 과거를 있는 그대로 직면케 하신다. 이를 통해 그를 재활, 복구의 길로 이끄신다. 세 번에 걸친 예수님과 베드로 간의 반복 질문 및 답변은 각기 (1) "네가 나를 사랑하느냐"는 주님의 물음, (2) 그에 대한 베드로의 긍정적 대답, 그리고 (3) 목양 사역에의 위임이라는 요소를 포함하고 있다.

    베드로를 회복시키심에 있어 예수님께서 재차 물으시는 단 한 가지 질문은 그가 주님을 진정 사랑하는지 여부다(요 21:15, 16, 17). 주님의 양을 먹이고 돌보는 사역을 베드로에게 위임하심에 있어 단 한 가지 '조건'이 있다면 그것은 바로 예수님에 대한 진정한 사랑이다. 주님께서는 완벽한 사랑을 요구하시는 게 아니다(그런 사랑은 인간에겐 불가능하다). 하지만 주께서는 순전하고 진실한 사랑을 원하신다.

여기서 '사랑'이란 그저 감정적 반향이나 이끌림을 가리키는 것이 아니다. "네가 나를 사랑하느냐?"는 주님의 반복된 질문은 요한복음 18장에서 나와 있는 베드로의 3중 부인과 연결해서 이해되어야 한다. 요한복음 18장의 예수님께서 재판받으시는 과정에서 이 갈릴리 어부는 자신의 목숨을 부지하기 위해 스승과의 관계를 전면 부인했다. 스승과 함께 십자가 형을 받을 수 있음을 본능적으로 느끼고는 스승을 모른다고 계속 잡아뗐다. 처형을 면하고자 예수님을 주저함 없이 배반했다.

> 문 지키는 여종이 **베드로**에게 말하되 너도 이 사람의 제자 중 하나가 아니냐 하니 그가 말하되 나는 아니라 하고(요 18:17)
>
> 시몬 베드로가 서서 불을 쬐더니 사람들이 묻되 너도 그 제자 중 하나가 아니냐 베드로가 부인하여 이르되 나는 아니라 하니 대제사장의 종 하나는 베드로에게 귀를 잘린 사람의 친척이라 이르되 네가 그 사람과 함께 동산에 있는 것을 내가 보지 아니하였느냐 이에 베드로가 또 부인하니 …(요 18:25-27)

베드로가 목숨을 부지하기 위해 주님을 거듭 부인한 사건과 "네가 나를 사랑하느냐?"는 예수님의 반복된 질문을 서로 연결해 볼 때, 주님께서는 베드로와의 대화에서 고작 "네가 나에게 대한 사랑의 감정을 느끼니?" 정도를 물어보신 게 아니다.[1] 도리어 "이제는 네 생존보다, 네 생명보다 나를 더 사랑하는가?"라는 가장 엄숙한 질문을 던지신 것이다.[2] 베드로가 부활하신 주님을 향해 그의 생명까지 올려드릴 수 있는 쉐마(Shema)적 사랑을 소유하고 있는지를 확인하시는 것이다.[3] 실패한 제자에게 이제 마음과 뜻과 정성을 다해 주님께 온전히 헌신하는지를 물어보신 것이다.

> 이스라엘아 들으라(히: *쉐마*) 우리 하나님 여호와는 오직 유일한 여호와 이시니 너는 마음을 다하고 뜻을 다하고 힘을 다하여 네 하나님 여호와를 사랑하라(신 6:4-5)
>
> 예수께서 가라사대 네 마음을 다하고 목숨을 다하고 뜻을 다하여 주 너의 하나님을 사랑하라 하셨으니 이것이 크고 첫째 되는 계명이요(마 22:37-38 및 마가/누가 병행구)

예수님과 베드로와의 대화에서 언급된 '사랑'의 성격에 대한 위와 같은 이해는 요한복음 21장의 이어지는 부분을 통해서 더 분명히 확증된다. 18-19절에서 주님께서는 베드로의 순교에 대해 예언하시는데, 이 예언은 "내가 진실로 진실로 네게 이르노니"라는 반복된 강조 어구에서 드러나듯, 조건부 언명이 아니라 확실성을 담보하는 선포다. 이 예언의 내용은 베드로가 장차 십자가에 달려 충성된 죽음을 맞게 됨으로써 하나님께 영광을 돌린다는 것이다.

> 내가 진실로 진실로 네게 이르노니 네가 젊어서는 스스로 띠 띠고 원하는 곳으로 다녔거니와 늙어서는 네 팔을 벌리리니 남이 네게 띠 띠우고 원하지 아니하는 곳으로 데려가리라 이 말씀을 하심은 베드로가 어떠한 죽음으로 하나님께 영광을 돌릴 것을 가리키심이러라 이 말씀을 하시고 베드로에게 이르시되 나를 따르라 하시니(요 21:18-19)

시몬 베드로의 최후에 대한 주님의 예언을 15-17절에 있는 '사랑'에 대한 문답과 연결지어 볼 때, "네가 나를 사랑하느냐?"는 예수님의 거듭된 질문은 "베드로 네 자신의 목숨보다도 나를 더 귀중하게 여기느냐?"는 엄숙한 뜻을 담고 있다(눅 14:26 참조). 베드로는 장차 순교를 통해 하나님께 영광 돌리고 그리스도에 대한 그의 궁극적 사랑을 표현함으로써 재활복구의 과정을 완주하고 궁극적 회복에 이르게 될 것이다.

예수님께서 베드로에게 물으신 "네가 나를 사랑하느냐"는 질문은 주님이 이 갈릴리 어부의 생사에 있어 궁극적 헌신의 대상인지에 관한 중대한 물음이다. 또한, 쓰러진 제자 베드로를 일으켜 목양사역을 지속하도록 격려하는 근원적 질문이다.[4]

'목양'이란 본디 주님의 사역이다. 예수님은 베드로에게 위탁하시는 양들을 자신의 소유로 언급하실 뿐 아니라('내 어린 양' [요 21:15]; '어린 양' [요 21:16, 17]), 자기 자신을 '선한 목자'로 묘사하셨다.

> 나는 선한 목자라 선한 목자는 양들을 위하여 목숨을 버리거니와(요 10:11 [시 23:1 참조])

베드로 자신도 후에 그의 첫 번째 편지에서 그리스도를 '목자장'으로 묘사한다(벧전 5:4). 실패한 제자 베드로를 재활 복구시켜 예수님 자신의 양을 먹이고 돌보는 목자로 세우시기에 앞서 주께서 물으시는 단 한 가지 질문은 이 갈릴리 어부가 자기의 생존보다 예수님을 더 존귀하게 여기는지 아닌지 여부다. 만일 베드로가 자기 생명보다 주님을 더 사랑한다면, 그는 분명 주님의 양무리를 충성되게 먹이고 돌볼 것이며, 또 그 양무리를 위해 자기 목숨까지도 내려놓을 것이기 때문이다(요 21:18-19 [10:11 참조]).[5]

이날 부활하신 주님과 베드로가 대화를 나눈 지 밀레니엄이 두 번이나 지났지만, 근본적으로 달라진 것은 없다. 다양한 삶과 사역의 상황 가운데 주님의 양을 돌보는 일을 맡은 자들에게 주께서는 지금도 "네가 나를 사랑하느냐?"라는 질문을 던지신다. 주님을 사랑함 없이 그분의 양을 사랑으로 돌본다는 것은 원초적으로 불가능하다. 우리의 모든 관계는 근본적으로 주님과의 관계로 소급되기 때문이다.

주님의 양을 먹이고 돌보기 원하는 자들이 답해야 할 질문은 결국 쉐마적 사랑에 관한 것이다. 궁극적 헌신의 대상이 누구인지에 대한 질문 말이다. 자신의 생존보다 예수님이 더 소중한지에 관한 질문 말이다. 자기 생명보다도 주님이 더 우선인지에 대한 그 질문 말이다(눅 14:25-33 참조). 바로 그 엄숙하고 중대한 질문을 이날 아침 디베랴 바닷가에서 부활하신 주님께서 시몬 베드로에게 직접 물으셨다. 거듭 그리고 또 거듭 물으셨다.

그리고 오늘 우리에게 거듭 그리고 또 거듭 물으신다.

"네가 … 나를 … 사랑하느냐?"(요 21:15)

"네가 나를 사랑하느냐?"(요 21:16)

"네가 나를 사랑하느냐?"(요 21:17)

Chapter 11 _

주님의 양

21:15그들이 조반 먹은 후에 예수께서 시몬 베드로에게 이르시되 요한의 아들 시몬아 네가 이 사람들보다 나를 더 사랑하느냐 하시니 이르되 주님 그러하나이다 내가 주님을 사랑하는 줄 주님께서 아시나이다 이르시되 내 어린 양을 먹이라 하시고 16또 두 번째 이르시되 요한의 아들 시몬아 네가 나를 사랑하느냐 하시니 이르되 주님 그러하나이다 내가 주님을 사랑하는 줄 주님께서 아시나이다 이르시되 내 양을 치라 하시고 17세 번째 이르시되 요한의 아들 시몬아 네가 나를 사랑하느냐 하시니 주께서 세 번째 네가 나를 사랑하느냐 하시므로 베드로가 근심하여 이르되 주님 모든 것을 아시오매 내가 주님을 사랑하는 줄을 주님께서 아시나이다 예수께서 이르시되 내 양을 먹이라(요 21:15-17)

디베랴 바다에서의 잊지 못할 아침 식사 후, 주님께서 베드로에게 "네가 나를 사랑하느냐?"고 거듭 물으신다. 베드로는 그에 대해 "내가 주를 사랑하는 줄 주께서 아시나이다"라고 거듭 답한다. 세 번 같은 질문과 대답이 주님과 베드로 사이를 오간다(요 21:15-17). 이는 예수님을 세 번 부인한 베드로의 재활복구를 위한 것이다. 베드로가 예수님의 질문에 대한 답으로 사랑을 고백할 때마다 주께서 그에게 목양의 사역을 당부하신다: "내 어린 양을 먹이라 … 내 양을 치라 … 내 양을 먹이라"(요 21:15, 16, 17). 베드로를 향한 주님의 목양 당부에서 가장 눈에 띄는 것은 소유격 대명사 "내"(헬: 무)의 반복된 사용이다. 이와 같은 일인칭 단수 소유격 대명사의 반복된 사용을 통해 예수님은 베드로에게 위임하시는 양무리가 주님 자신께 속해있음을 분명히 하신다.

    베드로는 주께서 위임하신 양들이 베드로 자신에게 속한 존재들이 아님을 꼭 기억해야 한다. 그들은 베드로 자신이 아니라 주님의 소유다. 그렇기에 그들 하나하나를 소중히 여기고 정성으로 섬겨야 한다. 어떤 경우에도 주님께 속한 양들 위에 군림하는 자세를 보여서는 안 된다. 베드로는 후에 그의 첫 번째 편지에서 "맡은 자들에게 주장하는 자세를" 취하지 말라고 동료 사역자들에게 구체적으로 당부한다(벧전 5:3). 이 편지에서 베드로는 자신이 돌보아야 할 양 떼가 자신에게 속한 것이 아니라 '목자장' 되신 그리스도께 속해 있음을 분명하게 기억했다(벧전 5:4). 궁극적으로 성도들 '영혼의 목자와 감독 되신 이'는 베드로 자신이 아니라 예수님이심을 잊지 않았다(벧전 2:25). 아울러 자신이 그들을 어떻게 먹이고 돌보았는가에 대해 다시 오실 주님께 직접 보고해야 함 또한 기억했다(벧전 5:4 [요 21:15-17, 22 참조]).

한편, 영광스러운 목양의 사역을 위임받은 베드로지만, 그는 여전히 자신을 위해 목숨까지 내어주신 선한 목자 예수님의 한 마리 양으로 남아 있다(요 10:11, 10:14-15 [갈 2:20 참조]).[1] 위에서 이미 언급한 대로 베드로는 주님의 양을 돌보는 목자지만 목자장은 아니다(벧전 5:1-4). 요한복음 10:27은 "내 양은 내 음성을 들으며 나는 저희를 알며 저희는 나를 따르느니라"는 예수님의 말씀을 담고 있는데, 이 말씀에 비추어 볼 때, 디베랴 바닷가에서 주님께서 베드로에게 주신 "나를 따르라"

는 명령(요 21:19 [21:22 참조])에는 평생 주님의 양으로 남아 있으라는 명령이다. 이 명령은 또한 주님께 대한 전적 의존의 삶을 일생 지속하라는 복된 초청이기도 하다.

예수님께서 자신의 양들을 처절하게 실패한 제자에게 맡기셨음은 극히 충격적이다! 베드로는 잘 알고 있다. 자기가 스스로 자격이 있어서 목양의 사역을 위임받은 게 아님을 말이다. 베드로는 사실 아무 자격 없는 자다. 분명한 실격 사유가 있는 자다. 인사청문회가 열린다면, 통과할 가능성이 0%인, 극심하게 부실한 후보다. 하지만 주님께서는 자신의 양 떼를 이 실패한 제자에게 맡기신다. 자신의 양무리를 이처럼 위험천만하고 믿을 수 없는 인물에게 위임하신다!

예수님은 자신을 배반했던 베드로를 은혜로 다시 품어 주신다. 주님께서 어떻게 은혜로 자신을 품어 주셨는가에 대한 깨달음이 앞으로 베드로가 주님의 양을 사랑으로 돌보는 원천이 될 것이다. 자신을 위해 목숨까지 내어주신 선한 목자 예수님의 사랑이 그가 충성되게 목양사역을 감당할 수 있는 원동력이 될 것이다.

베드로가 잘못한 일을 정당화하려는 의도는 추호도 없다. 하지만 어찌 보면 처참히 실패했던 것이 지나 놓고 보니, 그에게 도리어 잘된 일 같기도 하다. 처참하게 실패한 베드로는 이제 자기 스스로는 아무것도 할 수 없음을 깨닫게 되었기 때문이다(요 15:5 참조). 이제 가난한 심령으로 목자장 되신 주님의 은혜만을 사모하고 의지하게 되었기 때문이다. 사실 그렇게 심령이 가난해져야 맡겨주신 주님의 양을 사심 없이 돌볼 수 있다. 그렇게 맘이 겸허해져야 영혼의 목자께서 이끄시는 대로 제대로 신뢰하며 나아갈 수 있다.

우리는 우리 곁에 있는 성도들이 주님의 양이라는 사실을 반드시 기억해야 한다. 그들이 주님의 소유된, 존귀한 존재임을 늘 맘속에 깊이 되새겨야 한다. 내 옆의 성도들이 다른 누가 아닌, 예수 그리스도께 속한 양무리임을 알아 그들을 정성 다해 섬겨야 한다. 그러나 그와 동시에 우리 각자가 주님께 속한 한 마리 양이라는 사실 역시 잊지 말아야 한다. 우리 자신이 선한 목자 예수님의 소유임을 늘 기억해야 한다. 우리의 연약함과 어리석음을 솔직히 인정하고, 우리를 위해 목숨까지 내어 주신 선한 목자 예수님을 겸손히 따라가야 한다. 우리 자신이 선한 목자 예수님의 한없는 사랑을 받는 그의 어린 양이라는 사실을 용기 있게 확신할 때, 목자장께서 우리게 맡겨주신 양무리를 진정 사랑으로 – 그러니까 주님의 사랑으로 – 먹이고 돌볼 수 있을 것이다(요 15:12-14).

잊지 말자. 지금 내 옆에 있는 성도 한 분 한 분이 예수님의 양이다. 그리고 나 역시 주님의 한 마리 양이다.

그들이 조반 먹은 후에 예수께서 시몬 베드로에게 이르시되 요한의 아들 시몬아 네가 이 사람들보다 나를 더 사랑하느냐 하시니 이르되 주님 그러하나이다 내가 주님을 사랑하는 줄 주님께서 아시나이다 이르시되 내 어린 양을 먹이라… 내 양을 치라… 내 양을 먹이라(요 21:15, 16, 17)

Chapter 12 _

베드로가 용서받을 수 있는 이유

21:15그들이 조반 먹은 후에 예수께서 시몬 베드로에게 이르시되 요한의 아들 시몬아 네가 이 사람들보다 나를 더 사랑하느냐 하시니 이르되 주님 그러하나이다 내가 주님을 사랑하는 줄 주님께서 아시나이다 이르시되 내 어린 양을 먹이라 하시고 16또 두 번째 이르시되 요한의 아들 시몬아 네가 나를 사랑하느냐 하시니 이르되 주님 그러하나이다 내가 주님을 사랑하는 줄 주님께서 아시나이다 이르시되 내 양을 치라 하시고 17세 번째 이르시되 요한의 아들 시몬아 네가 나를 사랑하느냐 하시니 주께서 세 번째 네가 나를 사랑하느냐 하시므로 베드로가 근심하여 이르되 주님 모든 것을 아시오매 내가 주님을 사랑하는 줄을 주님께서 아시나이다 예수께서 이르시되 내 양을 먹이라(요 21:15–17)

초대교회 역사를 보면, 핍박의 시기에 그리스도를 공개적으로 부인한 이들이 후에 다시 교회로 들어오고자 할 때, 그들을 다시 받아들여야 하는지 아니지를 놓고 교부들 간에 불꽃 튀는 논쟁이 있었다. 결국, 초대교회가 이들이 다시 교회로 들어올 수 있는 길을 열긴 했지만, 교부들 중에서 예수님에 대한 신앙을 한 번 부인한 자들은 결단코 다시 교회로 들어올 수 없다는 단호한 태도를 보인 이들도 있었다.[1]

그런 역사적 사실을 고려한다면, 요한복음 21장에서 예수님께서 베드로를 너무 쉽게 용서하시는 게 아닌가 싶은 생각이 든다. 베드로는 분명 예수님을 부인하는 치명적 잘못을 범했다. 사람들 앞에서 한 번도 아니고 세 번씩이나 주님과의 관계를 전면 부인했다(요 18장). 그저 "네가 나를 사랑하느냐?"는 질문에 "네"라고 답했다고 그에게 목양의 사역을 위임하시고 제자의 길로 회복시켜 주시다니⋯ 주님께서 베드로를 너무 서둘러 받아주시는 게 아닌가 싶은 생각마저 든다. 주님을 부인하는 치명적 죄를 범한 베드로를 예수님은 너무나 쉽사리 용서하신다. 부활하신 주님께서 이 배신자 녀석을 너무나 쉽게 포용하신다.

그런데 성경을 살펴보면, 주요한 인물 중 치명적 실수를 범했던 인물들이 실은 여러 눈에 띈다. 살인자요 도망자인 모세, 간음죄를 범한 후 이를 은폐하고자 권력을 악용하여 살인교사를 한 다윗, 스데반을 죽이고 1세대 유대계 그리스도인들을 핍박하는데 혁혁한 공을 세운 한 사울(바울), 그리고 예수님과의 관계를 전면 부인하고 또 거듭 부인한 베드로까지, 이들은 모두 인생의 이력서에서 지울 수 없는 치명적 죄를 범했다. 이들 모두 '돌이킬 수 없는' 죄를 저질렀다. 이들 중 누구도 오늘날 어느 교회에서 청빙 받아 담임목사로 부임하기는 아마 낙타가 바늘귀로 들어가는 것보다 어려울 것이다! 그러나 그렇게 치명적 죄를 범한 이들이 용서받고 하나님 나라 일을 위해 귀하게 쓰임 받았다. 요한복음 21장에서 볼 수 있는 대로, 삼진 아웃을 당해야 마땅할 베드로가 제자로 회복된 것뿐 아니라 주의 양무리를 맡는 목자로 세워지기까지 한다(요 21:15-19). 주님께서 베드로를 너무 간단하게 용서하시는 것은 아닐까?

요한복음 내에서의 성육하신 하나님의 아들이 공중 앞에

나타나는 첫 장면이 1:29-31에 기록되었는데, 주의 길을 예비했던 침례(세례) 요한 앞으로 나오시는 장면이다. 이 극적인 장면에서 침례(세례) 요한은 예수님을 보고 "세상 죄를 지고 가는 하나님의 어린 양"이라는 의미심장한 선언을 한다.

> 이튿날 **요한**이 예수께서 자기에게 나아오심을 보고 이르되 보라 세상 죄를 지고 가는 하나님의 어린 양이로다(요 1:29 [1:36 참조])

사도 요한은 이같이 인상적인 방식으로 그리스도의 공생애 첫 장면을 그려줌으로써 이어지는 그의 예수 이야기가 하나님의 어린 양께서 세상 죄를 대신 지신 그 사건에 궁극적으로 주목할 것임을 강력히 암시한다.[2] 특별히 요한복음 내에서 예수님 공생애의 첫 장면으로서 이 부분이 갖는 중요성을 생각할 때, 제4복음서에 묘사된 예수님의 공생애 사역 전체를 요한복음 1:29에 나타난 장면에 비추어서 이해해야 한다고 말해도 과언은 아닐 것이다. 더욱이 사도 요한이 그의 복음서 서두에 침례(세례) 요한을 "하나님으로부터 보내심을 받은 사람"(요 1:6)으로 소개하고 있기에 침례(세례) 요한이 예수님에 대해 발언한 내용은 단지 한 인간의 고상한 견해를 넘어 하나님의 관점을 계시해 준다. 이렇게 볼 때, 요한복음 1:29은 요한복음에 기록된 예수님의 사역을 이해하는 창(window)의 역할을 한다고 말할 수 있겠다. 요한복음의 나머지 부분은 '유월절 어린 양'이 십자가에서 세상 죄를 지신 사건에 비추어 이해되고 해석되어야 한다!

신약학자들이 요한복음의 구조를 이해할 때, 많은 경우 책 전체를 프롤로그(요 1:1-18) – **'표적의 책'**(요 1:19-12:50 [예수님의 신성을 드러내 주는 일곱 개의 표적이 들어 있는 요한복음의 전반부])[3] – **'영광의 책'**(요 13:1-20:31 [십자가 죽음, 부활, 승천을 통해 드러난 그리스도의 영광에 집중하는 요한복음의 후반부]) – 에필로그(요 21:1-25) 이렇게 크게 네 개의 부분으로 나눈다. '영광의 책'이라 불리는 요한복음의 후반부는 실은 '고난의 책'이라도 불러도 무리가 없는데, 예수님께서 다가오는 십자가의 죽음을 염두에 두고 제자들과 시간을 보내시면서 주셨던 가르침(요 13-17장)과 예수님의 체포, 재판, 십자가 처형(요 18-19장)이 그 대부분을 이루기 때문이다.

그러나 그리스도의 십자가에 대한 강조는 요한복음 후반부인 '영광의 책'에서뿐 아니라 그 전반부인 '표적의 책'(요 1:19-12:50)에도 거듭 나타난다. 간단하게는 그리스도의 높이 들리심을 언급하는 다음의 구절들을 예로 들 수 있겠다.

> 모세가 광야에서 뱀을 든 것 같이 인자도 *들려야* 하리니(요 3:14)
>
> 이에 예수께서 이르시대 너희는 인자를 든 후에 내가 그인 줄을 알고 또 내가 스스로 아무 것도 하지 아니하고 오직 아버지께서 가르치신 대

로 이런 것을 말하는 줄도 알리라(요 8:28)

내가 땅에서 *들리면* 모든 사람을 내게로 이끌겠노라 하시니 이렇게 말씀하심은 자기가 어떠한 죽음으로 죽을 것을 보이심이러라(요 12:32–33 [12:34 참조])[4]

그 외에도 요한복음 2:19-21, 3:13-18, 6:53-58, 10:11, 10:14-18, 11:49-52, 12:24-25, 12:27-28등 제4복음서 전반부인 '표적의 책'에 속한 많은 구절이 그리스도의 십자가 죽음을 직, 간접적으로 그려주고 있다. 아울러, '표적의 책'은 예수님과 대적자들간의 계속적인 충돌을 묘사하고 있는데, 이는 예수님이 십자가에서 처형된 이유에 관한 역사적 설명을 제공하는 한편, 요한복음 내러티브 내에서 그리스도의 죽음(요 19장)을 암시하는 역할을 해 준다. '표적의 책' 끝부분에 담긴 저자 요한의 보고에 따르면, 예수님께서 나사로를 살리신 일(요 11장)로 인해 그에 대한 반대와 핍박이 극에 달하게 된다(요 12장). 결국 그로 인해 후에 십자가에서 못 박혀 죽게 되시는데, 나사로를 살리심으로 인해 예수님 자신이 죽음에 이르게 되셨다는 파라독스(paradox)는 그리스도의 죽음이 담고 있는 대속적 성격에 대해 암시해 준다.

위에서 언급된 대로, 그리스도의 체포, 재판, 처형을 다룬 요한복음 18-19장에서뿐 아니라 제4복음서 전반에 걸쳐 주님의 십자가에 대한 언급들과 암시들이 지속해서 나타나는 것을 보면, 요한복음에 있어 예수님의 죽음이 얼마나 중추적인 사건인지 감을 잡을 수 있다.[5] 19세기 후반 마틴 캘러(Martin Kahler)라는 저명한 학자는 신약성경의 복음서들이 "긴 서론부를 가진 수난기사들"이라는 유명한 말을 남겼는데, 다소 과장되게 들릴 수 있긴 하지만, 그리스도의 십자가 죽음이 요한복음 내에서(그리고 다른 신약 복음서들 안에서) 갖는 결정적 위치에 관한 통찰력 넘치는 발언이다.[6]

이처럼 그리스도의 대속적 죽음에 대한 강조가 요한복음 전체를 관통한다는 사실은 세상 죄 지고 가신 '유월절 어린 양' 예수의 죽음(요 1:29)이 요한복음 전체를 이해하는 창(window)이라는 이해에 무게를 실어준다. 요한복음 전체는 그리스도의 십자가의 빛에 비추어 해석되어야 한다.

세상 죄를 대신 지고 가는 어린 양의 죽음(요 1:29)에 비추어 요한복음의 남은 부분들을 해석한다고 했을 때, 거기에는 물론 요한복음 21장에 대한 해석도 포함된다. 요한복음 21장에 기록된 베드로의 회복 이야기를 그리스도의 십자가라는 창(window)을 통해 바라볼 때, 예수님을 배반한 베드로의 죄가 용서받고, 그처럼 처참하게 실패한 제자가 회복될 수 있는 것은 바로 그리스도께서 그의 죄를 십자가에서 대신 담당하셨기 때문이다. 하나님의 어린 양이 세상 죄를 지고- 그리고 베드로의 죄를 지고- 십자가에서 대신 죽으셨기 때문이다(요 1:29; 19장). 하나님은 그리스도의 희생 제사를 통해 베드로에게, 이스라엘에게, 나아가 인류에게 죄 사함의 길을 활짝 여셨다(요 3:16; 14:6 참조)!

"네가 나를 사랑하느냐"는 주님의 질문(요 21:15-17)은 베드로를 끝까지 사랑하시고(요 13:1), 그의 죄를 직접 지고 십자가에서 대신 죽으시고, 이 실패한 제자를 회복시키기 위해 디베랴 바닷가로 친히 찾아오신 주님의 놀라운 사랑을 전제한다. 예수님께서 베드로에게 "네가 나를 사랑하느냐?"고 거듭 물으셨지만, 사실 주님께서는 베드로를 위해 자기 목숨 버리고 몸 찢고 피 흘리실 만큼 그를 먼저 사랑하셨다(요일 4:9-10, 4:19; 요3:16; 롬 5:8 참조). 베드로를 위해 십자가에서 대신 죽어주신 사랑의 주님께서 보혈의 능력으로 이 제자의 죄를 용서하셨다.

치명적 죄를 범한 자들, 주님 앞에서 더는 고개를 들 염치도 없고 면목도 없다고 생각하는 자들, 돌이킬 수 없이 실패해서 이제는 다 끝장이라고 생각하는 이들, 인간의 관점에서는(그리고 심지어 성도와 목회자의 관점에서도) 희망의 불씨라곤 남아 있지 않은 듯한 이들마저 사랑하고 용서하시고 회복시키는 것이 바로 예수 그리스도의 십자가의 능력이다. 베드로의 회복 이야기(요 21:15-17)를 읽으면서, 그리고 우리 자신의 회복 이야기를 회고하면서 잊지 말아야 할 것이 있다면 그것은 바로 "나를 사랑하사 나를 위하여 자기 자신을 버리신 하나님의 아들" 그분이다(갈 2:20).

그렇다! 시몬 베드로가 용서받을 수 있는 것은 예수님의 십자가 때문이다. 그리스도께서 베드로의 죄를 대신 지시고 고난받으시고 무참히 죽으셨기에 그의 죄가 사함 받았다(요 1:29; 19장 [사 53:5] 참조). 베드로가 그렇게 '쉽게' 용서받을 수 있었던 것은(베드로 자신의 표현을 빌리자면) "흠 없고 점 없는 어린양 같은 그리스도의 보배로운 피" 때문이며(벧전 1:19), "친히 나무에 달려 그 몸으로 우리 죄를" 담당하신 예수님의 고귀한 희생 때문이다(벧전 2:24). 그런 뜻에서 베드로의 회복 이야기(요 21:15-17)는 그리고 우리 자신의 회복 이야기는 여전히 "세상 죄를 지고 가는 하나님의 어린 양"(요 1:29 [19장 참조]) 그분에 대한 이야기다.[7]

Chapter 13 _

하나님께 영광? 하나님께 영광!

21:18내가 진실로 진실로 네게 이르노니 네가 젊어서는 스스로 띠 띠고 원하는 곳으로 다녔거니와 늙어서는 네 팔을 벌리리니 남이 네게 띠 띠우고 원하지 아니하는 곳으로 데려가리라 19이 말씀을 하심은 베드로가 어떠한 죽음으로 하나님께 영광을 돌릴 것을 가리키심이러라 이 말씀을 하시고 베드로에게 이르시되 나를 따르라 하시니(요 21:18-19)

시상식에서 중요한 수상을 하거나 운동 경기에서 멋진 승리를 거둔 후 "하나님께 영광 돌립니다!"라고 고백하는 경우를 종종 본다. 그런 고백들이 감동적으로 느껴진다. 그런데 시상식의 최종 후보까지 올라갔으나 막상 수상에서는 제외될 때, 여전히 하나님께 영광 돌린다고 말할 수 있을까? 후보자 명단에 아예 들지 못할 때는 어떠한가? 후보자 명단에 드는 것은 고사하고 사람들의 맹렬한 비판과 가혹한 비난 가운데 놓여 있을 때는 어떠한가? 운동 경기에서 석패 후에 하나님께 영광 올린다고 말할 수 있을까? 상대 팀에게 완패를 당한 경우는 어떠한가? 코치의 결정에 따라 아예 선발 출전자 명단, 아니 교체선수 명단에조차 이름을 올리지 못했을 때는 어떠한가? 하나님께 영광 돌리는 일은 과연 성공과 성취 후에만 가능한 것일까? 참담한 실패의 한복판에서는 하나님께 영광 돌릴 가능성 자체가 아예 유실되는 것일까?

 디베랴 바닷가에서 제자들과의 극적인 아침 식사 후 주님은 베드로를 제자의 길로 회복시키시고(눅 5:1-11 비교), 처참히 실패했던 이 제자에게 목양의 사역을 위임하신다. 주님께서 베드로에게 원하시는 것은 단 한 가지, 주님 자신에 대한 쉐마(Shema)적 사랑이다. 주님을 향한(비록 완전하진 못 하겠지만) 순전하고 진실된 사랑이다. 이 우주의 어떤 다른 존재들보다 그리고 베드로 자기 자신의 생존보다도 예수님을 더 존귀하게 여기는 그 사랑 말이다.

곧이어 주님은 베드로의 죽음에 대한 예언의 말씀을 하신다.

> 내가 진실로 진실로 네게 이르노니 네가 젊어서는 스스로 띠 띠고 원하는 곳으로 다녔거니와 늙어서는 네 팔을 벌리리니 남이 네게 띠 띠우고 원하지 아니하는 곳으로 데려가리라(요 21:18)

"늙어서는 네 팔을 벌리리니 남이 네게 띠 띠우고 원치 아니하는 곳으로 데려가리라"는 예수님의 예언은 베드로가 처형 되기에 앞서 두 팔을 벌려 십자가 횡축을 지고 로마 병정에 의해 형장으로 끌려가는 모습을 묘사한다. 요한복음 21:18만 봐서는 주님께서 말씀하신 내용이 베드로의 십자가 처형에 관한 것인지 분명치 않아 보이지만 바로 이어지는 19절이 그에 관한 충분한 단서를 제공한다.

> 이 말씀을 하심은 베드로가 어떠한 죽음으로 하나님께 영광을 돌릴 것을 가리키심이러라(요 21:19)

일단 요한복음 21:19이 베드로의 죽음을 직접 언급하는 것을 볼 때, 앞서 21:18에서 말씀하셨던 팔을 벌린 채 원치 않는 장소로 인도되는 모습이 베드로의 처형 장면임을 어렵지 않게 예상할 수 있다. 더 나아가 "어떠한 죽음으로"라는 표현이 요한복음 내에서 어떻게 사용되었는지를 유심히 살펴보면, 21:18의 묘사가 단지 베드로의 죽음에 대한 일반적 언급이 아니라 그의 십자가 처형에 대한 구체적 언급임이 분명해진다.

요한복음 21:19의 "어떠한 죽음으로"라는 표현은 헬라어로 *포이오 싸나토*인데, 이 표현은 신약성경 내에서 오직 요한복음에만 세 차례 등장한다. 요한복음 12:33, 18:32, 21:19에 각각 사용되는데, 첫 두 구절에서 이 표현은 십자가 처형, 특별히 예수님의 십자가 처형을 지칭한다.

> 내가 땅에서 들리면 모든 사람을 내게로 이끌겠노라 하시니 이렇게 말씀하심은 자기가 **어떠한 죽음으로**(*포이오 싸나토*) 죽을 것을 보이심이러라(요 12:32-33)

> 빌라도가 가로되 너희가 그를 데려다가 너희 법대로 재판하라 유대인들이 이르되 우리에게는 사람을 죽이는 권한이 없나이다 하니 이는 예

수께서 자기가 **어떠한 죽음으로**(포이오 싸나토) 죽을 것을 가리켜 하신 말씀을 응하게 하려 함이러라(요 18:31-32)

요한복음 21:19에서 "어떠한 죽음으로(포이오 싸나토)"라는 표현이 세 번째이자 마지막으로 등장할 때에는 시몬 베드로의 죽음을 가리키는데, 앞선 두 구절에서 이 표현이 십자가 처형을 지칭했던 점에 비추어 베드로의 십자가 처형을 가리키고 있는 것으로 보는 것이 적절하다. 베드로의 십자가 처형에 대한 역사적 기록은 신약성경 내에서는 직접 묘사된 것이 없다. 하지만, 잘 알려진 교회 전승에 의하면, 베드로는 주후 60년대 중반 네로 황제 치하의 극렬한 기독교 핍박 시기에 십자가에 거꾸로 매달려 처형되었다.[1] 요한복음 21:18-19은 바로 그 사건을 지칭하고 있는 것으로 보인다.

그런데 한 가지 주목할 점은 저자 요한이 베드로의 십자가 처형을 '하나님께 영광' 돌린 일로 묘사하고 있다는 것이다(요 21:19). 1세기 당시 유대인의 관점에서 십자가에 달려 죽는 것은 하나님께 저주받았음을 의미했다(갈 3:13; 신 21:23 참조). 요한복음 18:28에서 19:16을 보면 유대 종교지도자들이 빌라도 총독의 힘을 빌려 예수를 굳이 십자가에 처형시키고자 애쓰는 장면이 눈에 띈다. 사실 그들이 원했다면 다른 비공식적 방법을 사용할 수도 있었다. 누가가 기록한 대로, 돌로 쳐서 죽이거나 강도를 매복하는 방식으로도 자신들 눈에 거슬리는 사람을 제거할 수 있었다(행 7:58; 23:12-22 [눅 4:29 참조]).

그러나 그런 방법이 아니라 굳이 로마의 공개 처형 틀인 십자가에 예수를 매달고자 했던 것은 나무에 달려 죽은 자는 하나님께 저주를 받았다는 유대적 이해와 연관된 것으로 보인다(신 21:23 참조). 유대 종교지도자들은 예수가 십자가에 공개적으로 매달려 하나님께 저주받은 자로 죽는다면, 그가 가짜 메시야였음이 만천하에 드러나고, 아울러 그 골칫거리 갈릴리 랍비의 추종세력 역시 삽시간에 흩어지게 되리라 기대했다.[2]

한편, 로마인의 입장에서 십자가는 위험천만한 정치범에 대한 공개처형 방식으로서 제국의 권위에 도전하지 못하도록 피정복민을 협박하는 죽음의 경고장 역할을 잔인하게 그러나 매우 효과적으로 수행했다. 십자가 처형 방식이 너무나 끔찍해서 로마인들은 종종 이에 대한 언급 자체를 금기시하곤 했다.[3]

이렇게 볼 때, 유대인의 관점에서나 로마인의 관점에서나 십자가에 죽는 것은 신적 존재에게 영광을 돌리는 것과 너무나 거리가 멀었다. 성공과는 아무런 상관도 없었다. 십자가는 도리어 처절한 치욕의 상징이요, 참담한 실패의 표상이었다. 그런데도 저자인 사도 요한은 시몬 베드로가 십자가에서 그렇게 처참히 죽음으로써 하나님께 영광을 돌렸다고 담대히 선포한다. 더욱이 그것이 단지 요한 자신의 이해가 아니고, 도마가 "나의 주님," 나의 하나님"(요 20:28)으로 고백한 부활하신 예수 그리스도의 신적 이해(divine understanding)였음을 시사한다(요 21:18과 19절이 직접 연결되어 있음에 주목하라).

그리고 보니까 어떤 것이 하나님께 영광이 되고 혹은 되지 못하고는 사람들이 그것을 어떻게 바라보는지에 달려 있지 않다. 물론 나 자신이 그것을 어떻게 바라보느냐에 달려 있지도 않다. 오직 주님께서 어떻게 평가하시는지에 달렸다. 사도 요한은 시몬 베드로의 처형을 회고하면서 하나님께 충성하는 성도의 삶과 죽음이 인간의 눈에는 처참한 실패요 지울 수 없는 수치처럼 보일지언정 하나님께는 영광이 된다는 사실을 알려 준다.

세상의 기준에서는 저주받은 것 같은 죽음이 하나님께 영광이 될 수 있다. 인간의 기준에서는 참담한 실패가 하나님께 대한 경배가 될 수 있다. 인생이 나를 원치 않는 곳으로 끌고 갈 때(요 21:18), 그 길이 실은 하나님을 예배하는 첩경일 수 있다. 십자가에 못 박혀 죽어가고 있는 것 같은 고통의 시간이 사실 순도 높은 송영의 시간일 수 있다. 만일 그것이 주님께 대한 충성의 결과라면 말이다. 만일 그것이 십자가에 죽으셨던 주님 가신 길을 신실하게 따른 결과라면 말이다.

베드로는 이를 정확히 깨달았다. 그는 성도가 주님을 향한 충성 때문에 고난받고, 핍박당하고, 순교할 때, 그것이 비록 인간의 눈에는 수치스럽게 보일지언정 하나님께는 영광이 된다는 사실을 알았다. 시몬 베드로는 그의 첫 번째 편지에 다음과 같이 쓴다.

> 4:14너희가 그리스도의 이름으로 치욕을 당하면 복 있는 자로다 영광의 영 곧 하나님의 영이 너희 위에 계심이라 15너희 중에 누구든지 살인이나 도둑질이나 악행이나 남의 일을 간섭하는 자로 고난을 받지 말려니와 16만일 그리스도인으로 고난을 받으면 부끄러워하지 말고 도리어 그 이름으로 하나님께 영광을 돌리라(벧전 4:14-16)

우리 삶에서 궁극적으로 중요한 것은 사람의 기준에서 일이 잘 풀리는지 아닌지가 아니라 지금 우리가 처한 상황 가운데 주님을 충실히 따르고 있는지다. 인간의 기준에서 잘 풀리면서 하나님께 불순종하느니, 고통과 실패를 겪으면서 하나님께 충성하는 게 백만 배 더 낫다. 주님의 심판대 앞에서 면목 없을 짓 하면서 세상의 온갖 영예를 누리는 것보다 예수님 제자로 매일 십자가 지고 고난의 주님을 쫓아가는 삶이 억만 배 더 낫다.

주후 1세기의 십자가는 유대인의 관점에서나 로마인의 관점에서나 처절한 실패의 상징이요 결정적 패배의 표증이다. 성공의 사다리를 오르는 것이 지고의 가치가 되어 버려 심지어 예수를 따른다고 말하는 자들도 그런 세상적 가치에 의해 쉽게 지배받고 농락당하는 것이 오늘날의 현실이다. 물론 실패를 본능적으로 좋아하는 사람은 없다. 하지만 주님께 대한 충성이, 하나님 앞의 정직함이, 힘없는 이웃을 배려하고 대변하는 삶이 '실패'라는 피할 수 없는 결과를 가져온다면, 그 결과를 기꺼이 끌어안는 것이 바로 하나님께 영광이 되는 삶이다. 그렇게 십자가의 길을 가다 보면, 아이러니하게도 그 길이 실은 승리의 첩경임을 깨닫게 될 것이다 (고후 4:8-18 참조).

하나님께 영광을 돌리기 위해 반드시 사람들 눈에 근사하게 보여야 할 필요는 없다. 물론 때로는 사람들 보기에 근사한 모습으로 하나님께 영광 돌릴 수 있다. 하지만 사람들 보기에 근사한 모습만 하나님께 영광이 된다고 한다면, 거기에 십자가를 위한 자리는 없다.

많은 그리스도인이 하나님께 영광 돌리는 삶을 살고 싶다고 말한다. 특히 신앙이 뜨거운 그리스도인들은 예외 없이 그렇게 말한다. 그러나 우리의 삶과 죽음이 하나님께 영광이 되고 못 되고를 인간의 잣대로 함부로 판단해서는 안 된다. 인간의 잣대로 이를 판단하려고 하는 한, 거기에 얼마나 많은 노력을 기울이는가와 상관없이 제대로 된 판단을 기대하기는 어렵다. 사도 요한은 동료 베드로의 순교를 회고하며 하나님께 끝까지 충성했지만 마치 실패자처럼 보였던 친구의 삶이 하나님께 영광이 되었음을 주저함 없이 선포한다. 요한이 들려주는 베드로의 최후 이야기는 "하나님께 영광을 올린다"라는 선언을 승리 주의적으로 재단해 버린 우리 시대를 향해 예언자적 비판을 던져 준다. 동시에 세상의 기준과 판단에 자신을 방치한 채 스스로를 '실패자'로 낙인찍은 성도들에게 그리스도 안에서만 발견되는 진짜 자존감, 그러니까 성경이 말하는 원조 자신감을 회복시켜 준다.

> 내가 진실로 진실로 네게 이르노니 네가 젊어서는 스스로 띠 띠고 원하는 곳으로 다녔거니와 늙어서는 네 팔을 벌리리니 남이 네게 띠 띠우고 원하지 아니하는 곳으로 데려가리라 이 말씀을 하심은 베드로가 어떠한 죽음으로 하나님께 영광을 돌릴 것을 가리키심이러라(요 21:18-19)

Chapter 14 _

주님의 보존하심과 제자도

21:18내가 진실로 진실로 네게 이르노니 네가 젊어서는 스스로 띠 띠고 원하는 곳으로 다녔거니와 늙어서는 네 팔을 벌리리니 남이 네게 띠 띠우고 원하지 아니하는 곳으로 데려가리라 19이 말씀을 하심은 베드로가 어떠한 죽음으로 하나님께 영광을 돌릴 것을 가리키심이러라 이 말씀을 하시고 베드로에게 이르시되 나를 따르라 하시니(요 21:18-19)

부활하신 예수님은 베드로가 훗날 십자가에 처형될 것이고 그러한 죽음을 통해 하나님께 영광을 돌리게 된다고 말씀하신다. 주님께서 그런 일이 어쩌면 있을 수도 있겠다고 추측하시는 게 아니다. 그럴 가능성이 높을 것 같다고 예상하시는 것도 아니다. 예수님은 "내가 진실로 진실로 네게 이르노니"(요 21:18)라는 반복강조 어구로 베드로의 최후에 관한 예언을 시작하심으로써 앞으로 베드로에게 벌어질 일의 확실성을 담보하신다. 베드로의 배신에 대한 주님의 예언(요 13:18)이 그대로 성취되었다는 사실(요 18:15-18, 25-27)은 베드로의 십자가 순교에 대한 예언 역시 그대로 성취될 것임을 보증해 준다.

　그런데 디베랴 바닷가에서 주님을 대면한 베드로에겐 이 말씀이 어떻게 들렸을까? 만일 누군가 내게 다가와서 30여 년 후에 이 세상에서 가장 잔혹한 방법으로 처형될 것이라고 단언한다면 어떤 느낌이 들까? 더욱이 다른 사람이 아닌 주님께서 직접 그 말씀을 내게 하신다면 어떤 느낌일까? 꺼림칙한 느낌일까? 압도적인 부담감이 앞설까? 주님이 그런 말씀을 하셨다는 사실 자체를 부정하고 싶어질까? "에이, 설마 그런 뜻은 아니시겠지"라고 말하면서 어떻게든 빠져나갈 구멍을 찾으려 들까?

그러나 저주의 선언처럼 들리는 예수님의 말씀이 베드로에게는 도리어 격려로 다가온다. 얼마 전 목숨 부지를 위해 스승과의 관계를 거침없이 부인하고 거듭 또 거듭 부인했던 베드로에겐(요 18:17, 25-27) 자신의 십자가 처형 예언이 도리어 위로 그 자체다. 처절히 실패했던 제자 베드로에겐 자신의 처참한 최후에 대한 주님의 말씀이 샬롬(shalom) 그 자체다. 왜냐면 주님께서 이 예언의 말씀을 통해 변절자 베드로가 충성스러운 제자로 끝까지 보존될 것이라 보증하시기 때문이다(우리 역시 베드로를 변절자가 아닌 주의 사도, 교회의 목자 그리고 예수님의 충성된 제자로 기억한다).

물론 베드로는 앞으로도 불완전한 존재로 남을 것이다(갈 2:11-14 참조). 하지만 주님께서 그 가운데도 베드로를 굳게 붙잡아 주실 것이고, 그가 배신자가 아닌 충성스러운 제자로서 이 땅에서의 삶과 사역을 마치도록 보존해 주실 것이다. 베드로가 순교를 통해 하나님을 향한 궁극적 예배를 올려

드릴 때까지 친히 함께하시며 붙잡아 주실 것이다(마 28:20 참조). 그렇기에 십자가에 처형될 것이라는 '독설'도 베드로에겐 복된 말씀이다.[1]

일찍이 베드로는 주님을 위해 생명까지 내어놓겠다 호언장담했었다.

> 베드로가 이르되 주여 내가 지금은 어찌하여 따라갈 수 없나이까 주를 위하여 내 목숨을 버리겠나이다(요 13:37)

하지만 그 결과는 실로 참담했다. 주님을 위해 생명을 내어놓겠다던 베드로의 자신감은 얼마 지나지 않아 세 번의 단호한 부인으로 이어진다(요 18: 15-18, 25-27 [13:18 참조]). 그러나 주님께서 이제 배신자 베드로가 충성스러운 제자로 끝까지 보존될 것이라 담보하신다.[2] 부활하신 예수님께서 "내가 진실로 진실로 네게 이르노니"라는 반복강조 어구를 통해 실패한 제자 베드로를 끝까지 지켜주시겠다고 확실히 약속하신다.

그렇기에 로마의 십자가에 무참히 처형될 것이란 예언의 말씀마저 베드로에겐 복된 소식이다.[3] 자신의 목숨 부지를 위해 주님을 배신했던 베드로에겐 주님을 따르다 십자가에 못 박혀 처형당하는 것이야말로 주님에 대한 쉐마(Shema)적 사랑을 표현할 궁극적 기회다. 베드로는 장차 순교를 통해 주님을 사랑한다는 그의 거듭된 고백이 결코 공허한 게 아니었음을 확증할 것이다(요 21:15-17 참조). 그는 그렇게 자신의 재활, 복구 과정을 하나님께 올려드리는 예배로 아름답게 마무리할 것이다.

부활하신 주님은 디베랴 바닷가로 처절히 실패한 제자 베드로를 친히 찾아오셔서 그를 회복시키신 후, 변절자였던 그가 충성스러운 제자로 끝까지 보존될 것이라 말씀하신다.[4] 예수님께서는 변절자 베드로가 충성된 증인으로 이 땅에서의 삶을 마감하도록 끝까지 그를 붙잡아 주실 것이다. 그러나 그것이 끝이 아니다! 주님께서는 베드로에게 "내가 친히 도와 줄 것이니까 이제 아무것도 신경 쓰지 말고 그저 편히 지내거라"고 말씀하지 않으신다. 도리어 주님께서는 베드로가 매일의 삶 가운데 주님을 의식적으로(intentionally) 좇아야 한다고 말씀하신다.

> 이 [베드로의 최후에 관한] 말씀을 하시고 베드로에게 이르시되 나를 따르라 하시니(요 21:19 [21:22 참조])

시몬 베드로는 여생 동안 매일 주님을 따라야 한다. 다가올 30년 이상을 그렇게 매 순간 십자가 지신 예수님을 좇아가야 한다. 십자가에 죽으신 주님을 본받아 자신이 로마의 십자가에 거꾸로 달려 순교할 그 날까지 하루하루 주님 뒤를 따라야 한다. 전에는 자신이 원하는 곳으로 나아가는 삶이었다. 또 장래에는 십자가에서 충성스러운 예수님의 제자로 순교하며 이 땅에서의 마지막 예배를 하나님께 올려드릴 것이다(요 21:18-19). 하지만 베드로에게는 지금 이 순간 그리고 다가오는 30여 년간 매일 감당해야 할 중요한 과업이 하나 남아 있다. 그것은 바로 예수님을 좇는 일이다(요 21:19).[5] 부활하신 주님께서는 베드로를 회복시키는 맥락에서 갈릴리에서 처음 그를 부를 때 주셨던 "나를 따르라"는 명령을 다시금 주신다(요 21:19, 22; 막1:17; 마4:19 참조). 그 명령을 새롭게 주심으로써 베드로의 제자 소명을 회복시키신다.

 "나를 따르라"는 명령은 본질적으로 지속적 의존과 순종에의 명령이다. 디베랴 바닷가에서 베드로에게 다시 주신 "나를 따르라"(헬: 아콜루떼이 모이)(요 21:19)는 명령에서 "따르라"는 헬라어로 *아콜루떼*이다. 이 명령형 동사는 현재시제인데, 헬라어의 현재시제는 많은 경우 진행 혹은 지속의 뜻을 담고 있다. 이 경우 역시 그렇다. 그러니까 "나를 따르라"는 부활하신 그리스도의 명령은 단회적으로 결단하고 실천하는 데 그칠 말씀이 아니라 매일 순간마다 새로이 그리고 지속해서 받들어야 할 가르침이 된다. 어제의 제자도가 오늘의 제자도를 대신하지 않는다. 오늘의 순종이 내일의 순종을 대체하지 않는다. 순간순간마다 주께서 이끄시는 대로 나아가는 삶, 그것이 바로 제자도다. 유진 피터슨이 말한 대로 제자도란 "한 방향으로의 오랜 순종"이다.[6]

한 가지만 부연하겠다. 우리는 예수님께서 베드로로 하여금 먼저 주님의 한없는 사랑과 은혜를 경험케 하셨음에 주목해야 한다(요 21:15-17). 친밀한 교제와 대화 가운데 주님께서 그를 얼마나 사랑하시는지 먼저 깨닫게 하셨다(요 21:1-14, 15-17). 그리고서 제자의 길, 십자가의 길, 순교의 길을 가도록 초청하신다. 이 순서는 너무나 중요해서 결코 타협할 수 없다(non-negotiable). 주님의 십자가에 감격하는 게 먼저다. 그러고 나서 십자가를 지고 주를 좇을 수 있다. 주님의 부활로 인해 축제를 벌이는 게 먼저다. 그러고 나서 부활의 영이신 성령께서 이끄시는 대로 따라가야 한다.

주님 십자가의 사랑과 용서와 은혜를 제대로 경험도 못 했고 그리스도와의 친밀한 교제가 없어 영혼이 가뭄 때 논바닥처럼 말라 비틀어져 가는데, 그저 자기 힘으로 순종하려고 노력한다면 그 뜻대로 되지도 않을뿐더러 이상과 실제 간의 괴리감만 커져 결국 율법주의 또는 값싼 은혜의 신학으로 전락하기 쉽다. 혹은 그 둘 사이를 왔다 갔다 하면서 갈팡질 팡하는 영적 조울증에 빠지게 된다.

베드로는(그리고 우리는) 먼저 주님의 사랑 받고 용서받은 자 되었음을 십자가 아래서 확신하며 그 가운데 깊은 은혜를 누려야 한다. 그리고시 은혜의 주님이 이끄시는 대로 따라가야 한다. 이때 순종은 본질에서 감미로운 것이며, 주님과의 사랑과 신뢰의 관계에 기반을 둔 것이다. 결코, 율법주의적 책무나 보여주기식 허식이 아니다. 물론 주님 오실 때까진 (요 21:22) 우리의 순종이 완전치 않을 것이고 우리 삶 가운데도 불완전한 부분이 여전히 많이 남아 있을 것이다. 그럼에도 우리는 친밀한 사랑과 신뢰의 관계 가운데 참 제자의 길을 걸어가게 될 것이다.

죽음의 권세를 이기신 예수님께서 친히 디베랴 바닷가로 실패한 제자 베드로를 찾아오사 그를 다시 일으키신다. 주님을 거듭 부인했던 베드로가 30여 년 후 순교할 때까지 충성스러운 제자로 보존될 것을 확실히 담보하신다. 동시에 베드로가 매일 삶 가운데 십자가 지신 주님을 바짝 좇아야 함 역시 가르치신다. 그렇다! 자기 백성을 보존해 주시는 주님의 놀라우신 은혜와 제자로 살아야 할 책임은 결코 서로를 배제하는 법이 없다. 우리가 주님 은혜의 침례(세례) 가운데 제대로 잠겨만 있다면, 제자도가 책임이기에 앞서 은혜요, 특권임을 깨닫게 되리라. 이날 아침 디베랴 바닷가에서 하나님의 주권과 인간의 책임이 다시 한번 그렇게 신비롭게 하나가 되었다.

> 내가 진실로 진실로 네게 이르노니 네가 젊어서는 스스로 띠 띠고 원하는 곳으로 다녔거니와 늙어서는 네 팔을 벌리리니 남이 네게 띠 띠우고 원하지 아니하는 곳으로 데려가리라 이 말씀을 하심은 베드로가 어떠한 죽음으로 하나님께 영광을 돌릴 것을 가리키심이러라 이 말씀을 하시고 베드로에게 이르시되 나를 따르라 하시니(요 21:18-19)

3부

비교의식 그리고 제자도

(요 21:20-25)

예수님과의 극적인 대화 후,
베드로는 주님께 동료 요한에 대한 한 가지 질문을 던지는데…

Chapter 15   예수께서 사랑하시는 그 제자
Chapter 16   "네게 무슨 상관이냐?" 비교의식
Chapter 17   부활하신 주님과 동행한다는 것
Chapter 18   오해받기: 피할 수 없는 삶의 일부
Chapter 19   죽음 앞에서 영생을 노래하다
Chapter 20   성경의 선택적 성격
Chapter 21   어떻게 강연을 마쳐야 명강연일까?

Chapter 15 _

예수께서 사랑하시는 그 제자

21:20**베드로**가 돌이켜 예수께서 사랑하시는 그 제자가 따르는 것을 보니 그는 만찬석에서 예수의 품에 의지하여 주님 주님을 파는 자가 누구오니이까 묻던 자러라(요 21:20)

요한복음 21장은 "예수께서 사랑하시는 그 제자"에 대해 언급한다(요 21:7, 20). 이 제자는 디베랴 바닷가로 제자들을 다시 찾아주신 주님을 제일 먼저 알아본 인물이다(요 21:7). 물론 주님이 고기 잡으러 나간 제자들을 다시 찾아오셨음을 조금 더 일찍 알아차렸다면 더 나았을 것이다. 배 오른편으로 그물을 던지라는 음성을 듣고 주님이신 줄 즉시 알아봤다면 더 좋았을 것이다(요 21:4-6 참조). 그러나 기적적 포획 직후, 철야 작업을 하던 일곱 명의 제자 중에서 부활하신 주님을 최초로 알아본 인물이 바로 이 제자다.

> 예수께서 사랑하시는 그 제자가 베드로에게 이르되 주님이시라 하니
> (요 21:7)

    이 사람은 일곱 명 중에서는 가장 감수성이 발달한 제자라고 말할 수 있겠다. 예수님과 베드로가 해변을 거닐며 교회사의 한 장(chapter)을 장식할 의미심장한 대화를 나누는 순간(요 21:15-19)

에도 이 제자는 그 뒤를 바짝 따르고 있었다(요 21:20).

> 베드로가 돌이켜 예수께서 사랑하시는 그 제자가 따르는 것을 보니 (요 21:20)[1]

부활의 목격자인 "예수께서 사랑하시는 그 제자"는 주님께서 십자가를 지시기 전 마지막 만찬 때 주님 바로 옆에 앉았고 또 주님 품에 기대어 친밀한 대화를 나누었던 인물이다(요 21:20; 13:23-26). 이 제자는 예수님께서 부당한 재판을 받고 십자가에 처형되실 때에도 신변의 위험을 무릅쓰고 자리를 지킨 의리 있는 인물이다(요 18:15-18; 19:26-27). 또 예수님의 모친 마리아를 모시도록 주님의 직접 부탁을 받기도 했는데, 그렇게 해서 예수님의 의형제까지 되었다(요 19:26-27). 무엇보다 그는 예수님의 죽음을 직접 목도한 증인(eyewitness)이다(요 19:35). 아울러 주님의 시신이 사라졌다는 막달라 마리아의 보고를 듣고 무덤으로 바로 달려간 모습에서 스승을 향한 그의 사랑과 존경이 엿보인다(요 20:1-4).

제4복음서의 저자인 "예수께서 사랑하시는 그 제자"가 누구인지에 대해 여전히 학자들 간에 논의가 계속되고 있다(요 21:24). 하지만 교부들을 통해서 전해진 가장 유력한 전승이 사도 요한을 제4복음서의 저자인 "예수께서 사랑하시는 그 제자"와 동일시하고 있는 점 그리고 만일 사도 요한이 "예수께서 사랑하시는 그 제자"가 아니라면, 바울이 예루살렘 그리스도인 공동체의 '기둥'의 하나로 언급했던 요한(갈 2:9)이 제4복음서 1-20장에서 아예 언급조차 안 되는 게 된다는 점을 통합적으로 고려할 때, 사도 요한 외의 다른 인물을 "예수께서 사랑하는 그 제자"로 상정할 필요는 없을 듯하다.[2] 사도 요한이 제4복음서 1-20장에서 단 한 차례도 등장하지 않는다는 것은 초대교회에서 그가 갖고 있던 비중과 영향력을 생각할 때(행 3, 4, 8장 및 갈 2:9 참조) 있을 수 없는 일이다.[3]

사도 요한은 "예수께서 사랑하시는 그 제자"라는 자기 호칭에서 자신의 정체성을 주님의 사랑에 근거하여 이해한다! 어쩌면 자신의 이름 자체보다 주님께서 자신을 사랑하신다는 사실이 그에게 더욱 본질적인 요소였는지도 모른다. 그래서 제4복음서를 기록하면서 자기 이름 대신 "예수께서 사랑하시는 제자"라는 호칭을 거듭 사용했는지도 모르겠다. 위에서 언급한 대로 이 제자는 예수님과 친밀하게 교제했고, 예수님의 재판과 처형 같은 위험천만한 순간에도 그 곁을 지켰으며, 예수님의 모친을 위탁받은, 한마디로 근사한 제자다. 그러나 이 제자는 자신의 역할이나 업적이 아니라 주님의 사랑 자체에 기반을 둔 정체성을 갖고 있었다. 자신의 사역, 저술, 성과가 아닌 주님과의 관계에서 자기 자신이 누구인지를 발견했다. 불완전한 자신의 행동 양식이 아니라 완전하고 변함없는 그리스도의 사랑을 자기 정체성의 뿌리로 삼았다.

물론 주님께서 제자 중 사도 요한 한 사람만 (마치 야곱이 여러 아들 중에서 요셉을 편애하듯 또는 레아가 아닌 라헬을 편애하듯) 특별히 사랑하셨다는 뜻은 아니다. 요한복음 11장에 보면, 예수님께서 나사로를 사랑하셨다는 표현이 거듭 나온다(요 11:3 ["사랑하시는 자"]; 요 11:36 ["그를 얼마나 사랑하셨는가"]). 아울러 소위 요한복음의 핵심 절(key verse)이라고 하는 3:16은 하나님이 예수의 제자 중 어느 한 사람이 아니라 "세상", 즉 세상에 있는 모든 사람을 사랑하셔서 그들이 믿음을 통해 하나님의 영원한 생명을 누릴 수 있는 길을 여시고자 하나뿐인 친아들까지 내어주셨다고 기록한다. 요한은 "예수의 사랑하시는 그 제자"라는 호칭을 자신에게 적용하면서 주님께서 자기만 편애하셨다고 교만을 떠는 게 아니라, 그리스도께서 자신을 포함한 제자들에게 그리고 인류에게 주신 가장 놀라운 사랑을 인격적으로 체험했음을 이야기하는 것이다.[4] 사도 요한이 자랑하는 대상이 있다면, 그것은 주님의 '편애'를 받은 요한 자신이 아니라, 목숨까지 다해 사랑해 주신 예수님 그분이시다.

"예수께서 사랑하시는 그 제자"라는 호칭에 대해 조금 더 생각해 볼 것이 있는데, 바로 사도 요한이 자기 스스로의 정체성을 예수 그리스도의 십자가에 근거하여 이해했음을 이 호칭이 사용된 방식을 통해 알 수 있다는 사실이다. "예수께서 사랑하시는 제자"라는 호칭은 예수님께서 십자가를 지시기에 앞서 제자들과 함께하신 마지막 만찬에서 처음 등장하고(요 13:23)[5] 제4복음서의 마지막 장인 21장에서도 여전히 사용된다. 요한이 이 호칭을 1-12장에서는 한 번도 사용치 않았다는 점이 예사롭지 않다.

요한복음을 연구하는 대부분 학자는 요한복음 1:1-18의 프롤로그 그리고 21장의 에필로그를 제외한 제4복음서의 몸통 부분을 크게 둘로 구분하는데, 그 첫 부분에 해당하는 1:19에서 12:50은 소위 '표적의 책'으로 예수님의 신성을 드러내는 일곱 개의 표적을 담고 있고[6], 13-20장은 소위 '영광의 책'(혹은 '고난의 책')으로 십자가와 부활 사건을 통해 계시된 그리스도의 영광에 초점을 두고 있는 것으로 본다.[7]

"예수께서 사랑하시는 그 제자"라는 호칭이 그리스도의 십자가 죽음에 초점을 둔 '영광의 책'(요 13장 이하)에서야 등장하기 시작한다는 사실은 제4복음서 내에서 이 호칭이 그리스도의 대속적 죽음과 긴밀한 상관관계를 갖고 있음을 암시한다. 다시 말해서, 사도 요한이 자신을 주님의 사랑 받는 자로 인식한 것은 그리스도께서 자기를 대신해서 죽으셨음을 깨달았기 때문이다(요 1:29; 19장 참조). 요한은 자신이 주님의 사랑을 받고 있다는 우주에서 가장 중요한 진리를 다른 어느 곳이 아닌 그리스도의 십자가 밑에서 발견했다.

저자 요한은 하나님의 사랑을 그저 막연하게 추상적으로 생각하지 않았다. "음, 자연을 둘러보니 그리고 눈을 감고 명상을 해 보니 왠지 오늘은 신적 존재가 나를 좋아하는 것 같은 느낌이 강하게 들어" 같은 선언 따위를 사도 요한이 한 것이 아니다. "그간의 일들을 회상해 보니까 아무래도 그리스도께서 나를 좋아하셨던 것 같은 생각이 들긴 해"라며 유추적 결론을 내린 것도 아니다. 사실 그런 것들은 인생의 굴곡 가운데 사라져 버리기 십상이다. 사도 요한은 하나님의 사랑이 지극히 인격적이면서 고도로 구체적인 형태로 예수 그리스도를 통해 그리고 특별히 그의 십자가 죽음을 통해 역사의 한복판에서 계시되었음을 몸소 경험했고, 굳게 믿었으며, 확실히 붙들었다(요일 1:1-4). 그리고 바로 그 가운데 "예수의 사랑 받는 자"로서 자기 정체성을 발견했다.

우리의 종교적 열심이 남다름에도 쉽게 피곤해하고, 지치고, 상처받고, 두려워하며 또 종종 영적 신경증에 시달리는 중요한 이유 중 하나는 우리가 자기 정체성을 주님의 사랑 아닌 다른 곳에서 발견코자 애쓰기 때문이다. 또 주님의 사랑에 대해 말하고 이를 느끼고자 노력하지만 실제로 주님의 사랑이 그저 멀게만, 막연하게만 느껴지는 이유는 그 사랑을 그리스도의 십자가 아닌 다른 곳에서 찾고자 힘쓰기 때문이다. 그 사랑을 십자가에 달려 우리 대신 못 박혀서 죽으신 하나님의 어린 양(요 1:29)이 아닌 다른 대상에게서 발견하고자 헛수고하기 때문이다.

사도 요한은 "예수께서 사랑하시는 그 제자"라는 호칭을 통해 주님의 사랑 받는 자 된 자기 정체성에 대해 고백한다. 그러한 고백을 통해 그의 최초 독자들을 그리고 우리를 예수님의 사랑의 십자가로 부드럽게 그러나 힘차게 초대한다.

> 베드로가 돌이켜 예수께서 사랑하시는 그 제자가 따르는 것을 보니 그는 만찬석에서 예수의 품에 의지하여 주여 주를 파는 자가 누구오니이까 묻던 자러라(요 21:20)

Chapter 16 _

"네게 무슨 상관이냐?" 비교의식

21:20베드로가 돌이켜 예수께서 사랑하시는 그 제자가 따르는 것을 보니 그는 만찬석에서 예수의 품에 의지하여 주님 주님을 파는 자가 누구오니이까 묻던 자더라 21이에 베드로가 그를 보고 예수께 여짜오되 주님 이 사람은 어떻게 되겠사옵나이까 22예수께서 이르시되 내가 올 때까지 그를 머물게 하고자 할지라도 네게 무슨 상관이냐 너는 나를 따르라 하시더라(요 21:20-22)

베드로는 말로는 다 형용할 수 없는 주님의 큰 은혜를 경험했다. 고기잡이에 나서 철야 작업을 했지만, 그저 허탕만 치고 있던 베드로를 주님께서 그 현장에 친히 찾아와 만나 주셨고, 기적적 포획을 가능케 하심으로 헛수고로 인한 허탈감을 극복하게 하셨다. 또한, 철야 작업으로 지친 그에게 손수 아침 밥상을 차려 주셨다. 그 조반은 주님의 변함없는 돌보심과 공급하심을 상징하는 오병이어적 식사였다. 주님께서는 거기에 멈추지 않으시고 자신을 배신한 제자 베드로를 회복시켜 목양의 사명을 맡기시고 베드로가 스스로 유기해 버린 제자의 길로 그를 새로이 초청하셨다. 더 나아가 베드로가 끝까지 충성스러운 제자로 남을 수 있도록 보존해 주시겠다는 약속의 말씀까지 하셨다.

　사실 필자의 부족한 생각으론 요한복음이 21:19에서 바로 끝나도 베드로에게는 아쉬울 게 하나도 없을 듯하다. 그 자체로 너무나 영광스러운 종결부가 될 듯하다! 하지만 요한복음은 거기서 바로 끝나지 않는다. 요한복음 21:20-22은 예상치 못한 반전을 제시하는데, 바로 주님의 놀라운 은혜를 경험한 베드로가 삽시간에 비교의식의 늪에 **빠져** 버린 것이다. 주님께서 베푸신 큰 은혜에 감사하며 그 은혜의 자리에 오래도록 아니 적어도 얼마간은 머물러 있어야 하지 않겠는가? 그러나 베드로는 곧바로 동료 요한과의 비교의식에 사로잡힌다.[1]

> 이에 **베드로**가 그를 보고 예수께 여짜오되 주님 이 사람은 어떻게 되겠사옵나이까(요 21:21)

어떻게 베드로가 요한과의 비교의식에 빠지게 되었을까?[2] 요한복음 21:20은 그에 대한 얼마간의 실마리를 제공한다.

> 베드로가 돌이켜 예수께서 사랑하시는 그 제자가 따르는 것을 보니 그는 만찬석에서 예수의 품에 의지하여 주님 주님을 파는 자가 누구오니이까 묻던 자더라(요 21:20)

예수님이 십자가 사건을 앞두고 제자들과 함께한 마지막 만찬에서 주님 바로 옆에 앉는 영예를 누린 것은 예수의 사랑하시는 그 제자(요한) 그리고 가룟 유다였다.[3] 이 만찬에서 그런 영예는 베드로의 것이 아니었다. 더욱이 사도 요한은 만찬 중에 예수님 가슴에 기대어 주님과 친밀한 대화를 나누었다. 주님을 배반한 베드로는, 예수님의 재판과 처형 과정에서 신실하게 자리를 지키고 예수님이 십자가에서 피를 흘리는 중에 그 모친 마리아를 어머니로 모시도록 부탁까지 받은 동료 요한에 대해 열등감이 생겼을 수 있다.

더욱이 "나를 따르라"(요 21:19)는 주님의 말씀을 듣고 베드로가 예수님을 바짝 쫓아가고 있을 때, 요한 역시 주님을 따라오는 것을 베드로는 목도한다. "나를 따르라"는 주님의 말씀(헬: *아콜루떼이 모이*)에는 2인칭 단수 명령형이 사용된다. 그러니까 이 명령은 베드로에게 주신 것이지 당시 디베랴 해변에 함께 있던 요한이나 다른 다섯 제자들에게 주신 말씀이 아니다. 하지만 "예수님의 사랑하시는 그 제자" 요한은 주님을 여전히 좇아간다. 마지막 만찬 때처럼 그는 다시금 예수님 가까이 머문다.

위와 같은 일들이 시몬 베드로 하여금 동료 요한에 대해 열등감을 느끼게끔 했을 수 있다. 그리고 그런 열등감이 "제가 앞으로 어떻게 될지에 대해선 방금 말씀해 주셨는데, 그럼 요한은 앞으로 어떻게 되나요?"라는 질문을 하도록 베드로를 부추겼을 수 있다(요 21:21). 문제는 그 가운데 베드로가 자기도 모르게 스스로와 요한을 비교하고 있었다는 사실이다.

비교의식에 빠진 베드로를 향한 주님의 답변은 냉혹하게 느껴질 정도로 엄하다.

> 예수께서 이르시되 내가 올 때까지 그를 머물게 하고자 할지라도 네게 무슨 상관이냐 너는 나를 따르라 하시더라(요 21:22)

지금까지 한없이 은혜롭고 극도로 자비로우셨던 예수님 아니신가? 그러나 이제는 지나칠 정도로 차갑고 단호하시다. 한 마디로, "그건 네 알 바 아니다!"라고 못을 박으시며 베드로를 엄히 꾸짖으신다. 이미 명하신바(요 21:19 참조) 주님을 따르는 일에 집중하라고 따끔하게 훈계하신다.[4]

앞선 구절들(요 21:1-19)에서 보였던 예수님의 자애로운 모습과 요한복음 21:22에 나타나는 예수님의 엄한 꾸중은 서로 눈에 띄는 대조를 이룬다. 그러나 예수님의 엄한 꾸중은 비교의식이 제자의 길을 가는 데 있어 큰 위험요소라는 사실을 베드로에게 명확하게 일깨우시는 사랑의 표현이다. 주님의 갑작스러운 '돌변하심'과 준엄한 꾸지람은 비교의식의 위험에 전면 노출된 베드로를 향한 돌봄의 손길이다.

요한복음 21:22의 "너는 나를 따르라"는 준엄한 명령을 통해 예수님께서는 베드로 자신이 걸어야 할 길과 동료 요한이 걸어가야 할 길을 비교하지 말라는 메시지를 주신다. 오직 주님 한 분만 바라보고 자기에게 주어진 십자가 길을 충실히 가라고 명하신다. 때로는 다른 사람이 주님 좇는 그 길이 부럽게 느껴질 수도 있다. '주님께서 나도 그런 길로 인도해 주셨으면…' 하는 바람이 들 수도 있겠다. 그러나 주께서 우리 각자에게 허락하신 그 길이 바로 우리가 나아가야 할 최상의 길이다(기억하자! 우리 각자에게 무엇이 최상인지는 주께서 가장 잘 아신다! 주님께서 우리에게 항상 쉬운 길을 주시진 않지만, 항상 좋은 길을 주신다!).

한 제자가 맡은 사역과 다른 제자가 감당하는 사역이 외형적으로는 서로 눈에 띄게 다를 수도 있다. 제자로서 살아가는 여정 가운데 발생하는 구체적인 사건들도 서로 간에 다를 수 있다. 하지만 부활하신 예수님을 좇는 일에 집중해야 한다는 사실에서는 그 둘 사이에 아주 미세한 차이도 존재하지 않는다. 그리스도의 제자들에게는 무엇(what)을 하느냐에 앞서 누구(who)를 좇느냐가 본질적이며 핵심적인 문제이기 때문이다. 제자도란 근본적으로 예수님이 이끄심에 전적으로 의존하는 여정이다.

베드로의 삶의 방향과 요한의 삶의 방향이 외형적으로는 사뭇 달랐다. 한 사람은 주께서 맡기신 양무리를 충실히 돌보다가 약 30여 년 후에 로마의 십자가상에서 순교할 것이다. 다른 한 사람은 그 후로도 30년가량을 더 살면서 오랜 기간 목회사역을 감당하고 여러 무게 있는 저술을 남길 것이다. 이들이 가야 할 길은 이처럼 서로 다른 외형적 양상들을 포함하지만, 그 두 가지 길 중에서 누구의 것이 더 우월하고 열등하고는 존재하지 않는다. 왜냐하면, 제자도의 성패는 누가 어떤 사역을 얼마나 오래 혹은 얼마나 인상적인 방식으로 감당했느냐가 아니라 그 과정에서 그리스도를 얼마나 충성 되게 따랐느냐에 의해 결판나기 때문이다. 그렇기에 시몬 베드로는 앞으로 동료 요한에게 무슨 일이 벌어질지에 불필요한 관심을 두기보다 베드로 자신을 인도해 가시는 (그리고 친구 요한을 이끌어가시는) 부활하신 예수님 그분께 집중해야 한다! 결코, 그 초점을 잃으면 안 된다!

저자인 사도 요한은 그의 복음서 마지막 절(요 21:25)에서 사실 예수님에 대해 들려줄 이야기가 더 많이 있지만, 그 모든 것을 다 기록할 수는 없었음을 고백한다. 요한은 독자들에게 꼭 필요한 것들을 선택하여 기록했다(요 21:25; 20:30-31). 그렇다면 저자 요한이 왜 베드로의 비교의식에 대한 기사를 그의 복음서에 굳이 포함했는지 생각해 봐야 하겠다. 필자의 생각으론 요한복음의 최초 독자들 가운데 사도 베드로와 사도 요한이라는 두 걸출한 지도자를 견주어 비교하는 무시 못 할 움직임이 있었던 듯하다. 요즘도 성도들이 목사들을 비교하고, 내 교회와 네 교회를 견주어보며, 자기 가정과 이웃 가정을 비교하는 모습을 쉽사리 발견한다. 아쉽게도 종종 그 정도가 거의 강박증 수준이다. 그렇게 볼 때, 1세기 팔레스타인의 초기 예수 운동을 대표하는 두 간판 지도자 베드로와 요한이 서로 비교의 대상이 되었을 것은 그리 어렵지 않게 짐작이 간다. 사실 전에 고린도에서도 베드로, 바울, 아볼로를 두고도 비슷한 일이 있지 않았던가?[5] 소아시아의 에베소라고 일전에 고린도에서 벌어진 일들로부터 온전히 자유롭진 않았으리라.[6]

아마 요한복음의 최초 독자들 가운데서는 다음과 같은 질문들 하는 사람들이 있었을 것이다.

"60년대 중반의 네로 황제 치하 기독교 핍박 시기에 십자가에 거꾸로 매달려 순교한 베드로와 주님의 열두 제자 중 유일하게 장수하면서 묵직한 저술들을 남기고 있는 요한 중 누가 더 위대한 사도인가?"

"베드로의 순교와 요한의 장수 중 어느 것이 더 강력한 신적 은총의 표징일까?"

"이 둘 중 누구를 예수님께서 더 소중하게 여기실까?"

"베드로와 요한 중 누가 진정한 제자도의 본류인가?"

하지만 사도 요한은 비교의식에 빠진 베드로를 향한 예수님의 꾸지람을 그의 최초 독자들에게 그대로 들려줌으로써 그런 질문들을 영구 폐기한다. 요한은 그의 최초 독자들이 그런 불필요한 비교 놀음에 빠지지 말고, 부활하신 예수 그리스도께 집중하도록 독려한다.[7]

물론 베드로를 향한 주님의 꾸지람이 단지 베드로 자신과 요한의 최초 독자들만을 위한 것은 아니리라. 21세기에 요한복음을 읽는 우리 역시 베드로처럼 주님의 은혜를 삽시간에 망각하고 비교의식에 사로잡힐 때가 얼마나 많은가? "나를 따르라"는 주님의 명령을 받은 지 몇 분도 지나지 않아서 예수님에 대한 집중력을 상실하고만 베드로의 모습이 사실 우리의 자화상은 아닌가? 주님이 베푸신 용서와 회복에 감격하기보다 비교의식의 늪에 빠져 허우적거릴 경우가 우리 삶 가운데 얼마나 빈번한가? 제자됨의 특권을 망각하고 주님보다 주변에 초점을 둘 때가 얼마나 잦은가?[8] 주님의 종으로 남기보다 비교의식의 노예로 전락하여 남이 나를 어떻게 평가할지에 시선이 온통 쏠리는 경우가 얼마나 빈번한가? 주의 놀라우신 은혜를 광속으로 망각한 베드로에게 주시는 예수님의 따가운 훈계는 비교우위를 자신의 정체성으로 삼고 사람들의 인정에 죽도록 목말라 하는 우리 자신을 위한 꾸지람이기도 하다.

입으로 바른말을 하기는 그리 어렵지 않다. "비교의식을 버려야 합니다… 주님께서 우리 모습 이대로 사랑하십니다… 외형이 아니라 소명을 좇아가는 게 중요합니다… 다른 사람과 자신을 절대 비교하지 마십시오…"라고 쉽게들 외친다. 하지만 실제로 누가 나보다 좀 '잘 되는 것' 같으면, 그로 인해 쉽게 불평하고, 분노하며, 우울해진다. 그런 비교의식은 개인 대 개인의 영역을 넘어, 가정 대 가정, 교회 대 교회 수준까지 여과 없이 확대되곤 하는데, 심지어 가정에선 부모가 그리고 교회에서 목회자와 직분자들이 그런 비교의식을 부추기기도 한다. 그 가운데 많은 그리스도인은 베드로의 '전통'을 따라 비교의식의 늪에 빠져 허우적거린다.

필자 자신이 거기서 예외라면 얼마나 좋겠는가? 다른 사람과 나를 비교한 결과 내가 비교우위를 점할 때는 말은 안해도 은근히 기분이 너무 좋다. 하지만, 내가 비교 열세에 있을 때는 쉽사리 침체된다. 비교의식을 피하자고 경쟁의식을 버리자고 말하긴 쉽지만, 실제로 그렇게 살려면 소위 말하는 '내공'이 필요하다. 그러니까 주님에 대한 지속적 집중력 말이다. 순간순간 인생의 초점을 부활하신 예수님 그분께 두는 것 말이다.

주님께 집중해야 함에도 쉽사리 ADHD(집중력 결핍·과운동성 장애)

증상을 보이는 베드로의 연약함을 아시는 주님께서는 "너는 나를 따르라"는 명령을 통해 그의 초점을 재조정하신다. 베드로가 집중해야 할 대상은 바로 주님 그분이다. 우리 역시 그리 다르지 않다. 우리 역시 베드로처럼 영적 ADHD를 앓고 있음을 시인하자. 우리가 매일 우선시해야 할 일은 다른 사람과 자신을 비교하는 게 아니라 부활하신 그리스도께 집중하는 것이다. 주님께서 이끄시는 대로 나아가는 것이다. 예수님께서 "가라" 하면 가고, "서라" 하면 서는 것이다. 때론 힘들고 또 두려워도 주께서 "한 발짝 더 앞으로 가라" 하시면 그대로 순종하는 것이요, 더 나아갈 수 있을 것 같아도 주께서 "멈추라" 하시면 즉각 멈추는 것이다. 그렇게 끈질기게 그리고 의식적으로(intentionally) 주님께 집중하며 살아가는 것이 실은 우리를 유혹하는 비교의식을 이기는 비책이다. 순간순간 예수님께서 이끄시는 대로 따라가는 것이야말로 제자들을 넘어뜨리고자 달려드는 비교의식을 무력화시키는 비법이다.

> 예수께서 이르시대 내가 올 때까지 그를 머물게 하고자 할지라도 네게 무슨 상관이냐 너는 나를 따르라 하시더라(요 21:22)

Chapter 17 _

부활하신 주님과 동행한다는 것

너는 나를 따르라(요 21:22 [21:19 참조])

부활하신 주님께서 디베랴 바닷가에서 고기잡이를 하는 베드로와 그 동료 제자들을 직접 찾아오셔서 기적적 포획을 선사하시고, 그들을 위해 오병이어를 회상시키는 잊지 못할 아침식사를 손수 차려주신다(요 21:1-14).

그러나 그게 끝이 아니다. 주님께서 곧이어 베드로와 의미심장한 대화를 시작하신다(요 21:15). 그리고 그 의미심장한 대화를 통해 자신을 배신한 제자 베드로를 재활, 복구시키신다. 실패한 제자 베드로에게 목양의 사명을 맡기시며, 그가 순교의 자리까지 충성할 수 있도록 붙잡아 주시겠다 약속하시고, "나를 따르라"는 명령을 통해 베드로에게 새로이 제자 소명을 허락하신다(요 21:15-19). 안타깝게도 베드로가 요한과의 비교의식에 사로잡혀 집중력을 상실했을 때에 예수님께서 그에게 "너는 나를 따르라"는 말씀을 주시는데, 이를 통해 베드로가 다시 주님께만 초점을 둘 수 있도록 도우신다(요 21:22).

"너는 나를 따르라"는 부활하신 예수님의 명령에는 '너'와 '나'라는 두 인격체에 대한 구체적 언급이 포함되어 있다. 이 명령은 사실 '너'라는 인격체가 '나'라는 인격체와 동행하도록 초청하는 말씀이다. 주님께서는 어떤 교훈 모음집 또는 특정 기관을 따르라 명하지 않으셨고, '나' 그러니까 부활하신 예수님 자신을 좇으라 말씀하셨다. 그저 어떤 일련의 행동들을 취하면 된다고 말씀하신 게 아니다. 날마다 주님과 친밀히 인격적으로 교제하며 함께 나아가자고 초청하셨다. 죽음의 권세를 이기시고 살아 역사하시는 예수님과 매일 하나 되어 살라는 초대의 말씀이다. 예수님과의 친밀한 인격적 교제 가운데 머물러 있으라는 요청이다(요 15장 참조).[1] 그렇다! 제자도의 핵심은 부활하신 주님과의 친밀한 인격적 동행이다. 그래서 '주와 같이 길 가는 것'은 정말 '즐거운 일'이다.[2]

우리 삶 가운데 부활하신 주님과 인격적으로 동행한다는 것은 실로 영광스러운 일인데, 거기에는 여러 중요한 측면들이 유기적으로 공존한다. 그중 몇 가지만 나누어 보겠다.

첫째로, 부활하신 주님과 동행한다는 것은 주님과 함께 축제의 삶을 산다는 뜻이다. 예수님이 부활하셨음을 확신할 때(요 21:1, 12, 14 [20장 참조]), 인간 고민의 뿌리인 죽음의 문제가 해결되고, 우리 인생이 '산 소망'(a living hope)으로 가득 차게 되

며(벧전 1:3 [1:21; 3:15 참조]), 그 결과로 우리 인생은 잔치가 된다.³

문제는 입으로는 부활을 믿는다 고백하지만, 마음으로는 이를 확신하지 못 하는 경우가 잦다는 것이다.⁴ 또 다른 문제는 부활을 믿더라도 삶에서는 이를 너무나 쉽게 망각하며 산다는 것이다. 그렇게 되면 예수님이 부활하셨다는 것이 그리고 부활하신 주님이 나와 함께하신다는 사실이 하나의 개념적 명제로만 남아있을 뿐 하루하루의 삶 가운데 아무런 영감과 활력이 되지 못한다.

한 인터뷰에서 영성 작가 유진 피터슨은 그가 매일 아침 기상할 때, "예수님께서 부활하셨습니다!"라고 외친다 고백했다.⁵ 새창조(New Creation [고후 5:17; 4:6 참조])의 시작을 웅장하게 알리는 주님의 부활을 매일 존재와 실존의 중심으로 삼고자 하는 피터슨 목사의 이와 같은 의식적인 노력은 사실 다시 사신 예수님을 주로 모시는 모든 제자에게 공통으로 필요한 것이다. 부활하신 주님과 동행하는 삶은 주님께서 죽음의 권세를 정복하신 일로 인해 매일의 삶 가운데 다시 사신 예수님과 더불어 축제를 벌이는 것이며, 또한 개인과 공동체의 실존 정중앙에 그 축제의 이유되신 부활의 그리스도를 왕으로 모시는 것이다.

둘째로, 부활하신 주님과 동행한다는 것은 무한긍정의 삶을 산다는 뜻이다. 십자가에서 세상 죄를 대신 지시고 죽으셨다가 다시 살아나신 예수님께서 베드로를 다시 찾아오사 실패한 그의 인생을 일으키셨다. 베드로의 인생은 말하자면, '부활'했다. 인생의 이력서에 지울 수 없는 뼈아픈 실패를 경험한 자들, 치명적 죄와 실수를 범한 자들, 그래서 이제 다 끝장난 것 같은 자들, 그러니까 인간의 관점에서(심지어 교인들의 관점에서까지) 더는 희망이라곤 남아 있지 않은 자들까지 새롭게 일으켜 세우는 것이 바로 그리스도 부활의 능력이다.

부활하신 주께서 그렇게 베드로의 인생을 일으키셨으며 지금도 자신의 영이요(행 16:6-7; 롬 8:9-10), 부활의 영(롬 8:11 [엡 1:13-14 참조])이신 성령을 통해 쓰러져 있는 '베드로들'을 일으키고 계신다. 그리스도 부활의 능력으로 인해 그리고 그분이 베푸시는 재활, 복구의 사역으로 인해 예수님의 제자들은 무한대로 긍정적으로 될 수 있다. 죽은 자를 다시 살리고 사망의 권세를 정복한 것이 예수 부활의 능력이라면(요 20-21 [11:1-44 참조])[6], 그 능력이 회복시키지 못할 만큼 심하게 손상된 영혼이란 존재하지 않는다(눅 19:1-10 참조). 자신 스스로의 판단에 갇혀 '이제 끝장이구나!'라고 낙망하는 개인, 가정, 공동체를 오뚝이처럼 다시 일어나게 하실 재활, 복구의 능력이 부활하신 그리스도 그분께 있다. 그렇기에 다시 사신 예수님과

인격적으로 동행하는 자는 무한긍정의 삶이다.[7]

　셋째로, 부활하신 주님과 동행한다는 것은 주님의 손과 발 되어 실패한 자들을 일으켜 세운다는 뜻이다. 예수님께서 앞선 두 번의 방문(요 20:19-23; 20:24-29) 이후 다시 한번 제자들을 찾으신 중요한 이유는 실패한 제자 베드로를 회복시키기 위하심이다(요 21:14, 21:15-17).[8] 자기 목숨을 부지하기 위해 예수님과의 관계를 전면 부인하고 거듭 또 거듭 부인했던 실패한 제자 베드로를 다시 세우시기 위함이다. 만일 우리가 베드로를 다시 일으키신 부활 예수의 참 제자라면, 우리 주변에 낙담한 자들과 쓰러진 심령들을 찾아가 그들의 손을 붙잡고 몸을 부축하여 다시 일으켜 세워야 한다. 심지어 우리를 배신하고 우리에게 상처 준 이들에게까지 찾아가 손 내밀어 그들을 다시 일으켜 세워야 한다. 그렇게 할 수 있다면, 그것이야말로 우리가 그리스도의 은혜를 통해 회복된 사람들임을 알려주신 표식이며, 부활하신 주님께서 우리를 이 세상으로 파송하셨음을 드러내 주는 증거요, 우리가 지금 부활하신 예수님과 인격적으로 동행하고 있음을 드러내 주는 열매다(요 20:21-23; 21:19, 22).

　다른 것들이 더 있겠지만, 마지막으로 한 가지만 더 나누겠다. 넷째이자 마지막으로, 부활하신 예수님과 동행한다는 것은 주님의 발자취를 좇아 십자가 지는 삶을 산다는 뜻이다. 이 말을 들으면, 바로 다음과 같이 말하는 분들이 있을 것이다.

"아니, 부활하신 주님과 동행하는데 왜 다시 사형틀 이야기인가?"

"왜 다시 죽음을 상징하는 로마의 십자가를 거론하는가?"

"그리스도께서 이미 죽음의 권세를 이기지 않으셨던가?"

"예수님께서 잠자는 자들의 첫 열매가 되셔서 우리에게 영생과 부활의 소망을 주시지 않으셨는가?"

"우리 대신 주님께서 이미 다 고통 당하신 것 아닌가? 그런데 왜 우리가 다시 죽음에 대해 이야기를 하면서 어둡고 침울한 분위기로 회귀해야 하는가?"

그러나 다시 사신 예수님께서는 "이제 내가 부활했으니 십자가에 대해선 다 잊어버리거라. 그에 대해선 이제 제발 다 깨끗하게 잊자"고 말씀하지 않으셨다. 도리어 주님의 발자취를 좇아 저주와 치욕의 상징인 십자가를 지고 나아가라 명령하셨다(요 21:18-19 [눅9:23 참조]).[9] 예수님께서 베드로가 장차 십자가에 달려 순교할 것이라고 예언하신 직후에(요 21:18) 그에게 "나를 따르라"는 명령을 주셨기에(요 21:19, 22) 이 제자도의 명령은 베드로의 순교와 연결해 이해해야 한다. 그러니까 "나를 따르라"는 예수님의 반복된 명령(요 21:19, 22)은 결국 십자가에 달려 죽으셨던 주님 발자취를 따라 순교의 자리까지 충성 되게 전진하라는 행군명령이다. 그때까지 매일 고난과 불편을 감내하며 그리스도를 충성되게 좇으라는 말씀이다. 이를 정확하게 이해한 베드로는 후에 그가 쓴 첫 번째 편지에서 예수님의 본을 따라 고난과 핍박을 기꺼이 부둥켜 안는 제자의 삶에 대해 다음과 같이 언급한다.

> 이를 위하여 너희가 부르심을 받았으니 그리스도도 너희를 위하여 고난을 받으사 너희에게 본을 끼쳐 그 자취를 따라 오게 하려 하셨느니라(벧전 2:21)

제자도의 소명은 십자가에 달려 처형될 처지에 이르러라도 변함없이 예수를 따르는 소명이다(요 21:18-19 참조). 그리스도의 본을 받아 죽기까지 자신을 낮추시고 하나님 아버지께 순종하는 그 소명 말이다(빌 2:6-8; 막 10:45 참조). 고난과 핍박을 전제하며 매일 자기 십자가를 지고 주님만을 묵묵히 그리고 끈기 있게 따라가는 그 소명 말이다(막 8:27-10:45 및 공관복음 병행구들, 특히 눅 9:23 참조). 매일의 삶 가운데 자신이 하고픈 일들이나 원한다면 선택해서 할 수도 있는, 나름 의미 있는 일들보다 주님 그분을 비할 수 없이 더 소중하게 여기는 쉐마(Shema)적 사랑의 소명 말이다(요 21:15; 막 12:29-30). 그 가운데 새 출애

굽(New Exodus)의 역사에 동참하는 그 영광스러운 소명 말이다 (막 1:2-3; 8:27-10:45 참조).

예수님의 죽음을 통해 우리에게 하나님의 영원한 생명이 이미 주어졌다(요 3:16 참조). 하지만 우리에게 주어진 그 신적 생명은 죽음의 상징인 십자가 지는 길로 우리를 이끌어간다(빌 3:10-12 참조).[10] 예수님의 부활이 계시한 새로운 시대, 그러니까 이미 도래했으며 장차 완성될 그 새 시대에 비추어 지금을 사는 것이 부활하신 그리스도와 동행하는 삶이다. 그렇게 새로운 시대의 질서에 따라 사는 것이 오늘 우리에게 고난과 핍박을 의미한다 해도 이를 거부하거나 회피하지 않고 기꺼이 받아들이고 그 가운데 떳떳이 믿음을 지키는 것이 다시 사신 예수님을 따르는 삶이다.

부활이요 생명이신 예수님께서 베드로를 다시 일으키셨다. 그리고 이 회복된 제자가 장차 순교를 통해 하나님께 영광 돌릴 그 날까지 매일 주님 좇아 십자가의 길을 가라고 명하셨다. 십자가에서 못 박혀 하나님께 영광 돌릴 그때까지 날마다 부활하신 주님과 친밀히 동행하라 명하셨다(요 21:15-19, 22). 예수님 본을 받아 하나님 아버지께 모든 것 다 맡기고 그리스도와 복음 위해 살다가 다가올 부활 영광에 동참하라 명하셨다. 주님이 가르쳐 주신 영생의 말씀이 참 진리라는 사실을 고난과 핍박을 기꺼이 감내하는 삶을 통해 그리고 주를 위해 떳떳이 손해 보는 삶을 통해 증명하라고 명하셨다.

주님께서 베드로를 '다시 살리신' 것은 그가 주를 위해 죽게 하려 하심이다. 부활의 주님은 베드로의 순교에 대해 예언하시면서 그를 십자가의 길로 초청하신다(요 21:18-19 [막 8:34-35; 눅 5:1-11 참조]).¹¹ 전에 그가 목숨을 부지하고자 주님을 세 번이나 부인하면서까지 피했던 그 거친 십자가의 길 말이다. 죽음의 상징을 등에 짊어지고 매일 예수님을 따라가는 그 길 말이다. 순교의 길, 순교적으로 사는 그 길 말이다. 그러나 죽음의 그림자가 짙게 드리운 그 십자가 길이 실은 부활을 향해 나아가는 대로다(빌 3:10-11). 베드로에게 십자가에 못 박히는 일은 사실 그가 장차 경험할 부활 영광에의 첩경이다(요 5:21, 25-29; 6:39-4; 11:25-26 [롬 8:11; 고전 15; 빌 3:20-4:1 참조]). 그리스도의 발자취를 좇아 고난을 감내하는 삶은 파루시아 때 경험하게 될 영광의 전조며(벧전 4:13 [5:4; 5:10 참조]), 새 하늘과 새 땅이 속히 도래하고 있다는 부인할 수 없는 징조다(요 21:22; 벧후 3:13 참조).

십자가의 처형은 실로 참혹한 것이다. 오죽하면 로마제국이 그 처형방식을 제국의 시민이 아닌, 피정복민들 대상으로만 시행했을까! 하지만 베드로가 매일 주님과 인격적으로 동행한다면, 더욱이 부활하신 주님께서 그와 친밀하게 동행해 주신다면, 비록 그 십자가가 어렵고 고통스러울지라도 충성되게 감당할 수 있으리라(요 21:18-19).

우리 중 어려움, 고난, 핍박을 먼저 원할 사람은 없다. 그러나 연약한 우리라도 충성되게 고난과 핍박을 감당할 수 있다. 우리가 주님의 발자취를 좇고 있으며 더 중요하게는 주님께서 우리와 동행하심을 확신한다면 말이다. 우리가 주님을 알고 더욱이 주님께서 우리를 아심을 깨닫는다면 말이다. 장차 잠자는 자들의 첫 열매 되신 예수 그리스도처럼 우리 역시 부활할 것임을 정말 믿는다면 말이다. 다시 사신 주님께서 구원의 역사를 완성하시기 위해 다시 오심을 진정 신뢰한다면 말이다(요 21:22-23; 5:28-29; 6:39-40; 14:1-3 [고전 15:23-28; 살전 4:13-5:11; 계 19:11-16 참조]). 다시 오실 주님께서 가져오실 사상 최고의 대역전 드라마에 우리의 삶을 진짜로 건다면 말이다.[12] 예수 그리스도와 복음을 위한 고난이 하나의 과정일 뿐 역사의 종착역이 아님을 확신한다면 말이다. 예수의 제자들이 다가오는 시대의 영원한 생명을 이미 이 땅에서 누리기 시작했음을 진실로 깨닫는다면 말이다(요 3:16).

그렇다! 부활하신 예수님과 동행하는 제자들은 비록 망하는 것처럼 보일 수 있을지언정 망하지 않는 존재다(요 11:25-26)! 그들은 멸망할 수 없는 존재다! 그들은 멸망하지 않는 나라에 속했다(단 6:26 참조). 그들의 종국은 십자가가 아니라 부활이다. 고난이 아니라 영광이다. 죽음이 아니라 생명이다. 그렇다! 바울이 옳았다! "현재의 고난은 장차 우리에게 나타날 영광과 족히 비교할 수" 없다(롬 8:18)!

  그렇기에 부활하신 주님의 제자들은 오늘도 그리스도와 친밀히 인격적으로 동행한다. 그들은 자기 십자가를 지고 주님의 그 발자취를 한 걸음 또 한 걸음 바짝 쫓아간다(눅 9:23 참조). 살아계신 주님께서 오늘도 그들을 동행에로 초대하신다. "나를 따르라 … 너는 나를 따르라"(요 21:19, 22).

Chapter 18 _

오해받기

: 피할 수 없는 삶의 일부

21:22예수께서 이르시되 내가 올 때까지 그를 머물게 하고자 할지라도 네게 무슨 상관이냐 너는 나를 따르라 하시더라 23이 말씀이 형제들에게 나가서 그 제자는 죽지 아니하겠다 하였으나 예수의 말씀은 그가 죽지 않겠다 하신 것이 아니라 내가 올 때까지 그를 머물게 하고자 할지라도 네게 무슨 상관이냐 하신 것이러라(요 21:22-23)

정확히 무슨 일 때문이었는지 이제 시간이 많이 지나서 기억이 희미하지만, 당시엔 "국민학교"라 불렸던 초등학교에 들어간 지 얼마 지나지 않아서의 일로 생각된다. 무슨 일로 피아노 선생님이 나에 대해 오해한 것이 너무 억울해서 울었던 적이 있었다. 나 자신의 울음소리에 감정이 복받쳐서인가 아니면 내 억울함을 옆에 있던 사람들에게 알리고자 하는 잠재된 의도 때문이었나 아니면 또 다른 이유 때문이었는지 몰라도 울음이 도무지 그치지를 않았다. 말 그대로 한동안 펑펑 울었다. 내 몸 안에 그렇게 많은 액체가 들어있는 줄 그날 처음 깨달았다. 급기야 피아노 선생님께서 예상치 못한 돌발상황에 대해 한마디로 당황해하시다가 내게 개인적으로 사과까지 하셨다. 그러고 나서도 이상하리만큼 울음이 그치지를 않았다. 그것이 내가 기억하는 한, 내 인생 최초로 남에게 오해받은 날이다. 물론 내 소원과는 달리 그날이 살면서 오해를 받은 마지막 날은 아니었다!

인생이 오해로 점철되어 있다고 말하면 과장일까? 개인의 경험에 따라 차이는 있겠지만, 우리 삶 속에 많은 오해가 존재한다는 사실은 분명하다. 오해는 고약할 정도로 엄격하다. 내가 사랑하고 소중하게 여기는 이들과의 관계라고 조금도 봐 주지 않는다. 사실 삶 속의 오해는 많은 경우 우리소중하게 여기는 이들과의 관계에서 발생한다. 부모·자녀·형제·친구·동료·교우와의 관계에서 오해받은 경험을 기억해 내기 위해 온 정신을 집중해야 한다면, 그 사람은 기억력에 문제가 있거나 '외계에서 온 존재'일 것이다.

문제는 우리가 그저 오해를 받기만 하는 존재는 아니란 점이다. 물론 대부분의 사람은 자기가 남을 오해한 일보다는 남에게 오해받은 일에 대해 말할 때 훨씬 더 열정적이다. 하지만 사실 우리 대부분은 오해받은 것 못지않게 남을 오해하면서 살아간다. 그러니까 오해의 문제에 있어서 우리는 불쌍한 피해자인 동시에 못된 가해자인 셈이다. 많은 경우 우리 자신이 다른 사람에 대해 오해하고 있다는 사실조차 인식하지 못한다. 또 종종 자신의 오해를 '이해'로 승화시키고, 다른 사람이 우리에 대해 가진 정당한 비평을 '오해'로 격하시킨다(이는 사람들이 모여서 허심탄회하게 속 이야기할 기회가 있을 때 대부분 자신이 상처받은 이야기에 대해 말하지 자신이 남에게 상처 준 일에 털어놓는 경우는 거의 없는 현실과 크게 보면 같은 맥락이다). 그런데 주후 1세기의 그리스도인들도 오해에 완전히 면역된 것 같지는 않다.

주님의 놀라우신 은혜로 목양의 사역을 위임받고 제자의 자리로 회복된 베드로는 눈 깜짝할 사이에 요한과의 비교의식에 빠져 버린다. 그런 비교의식 때문에 요한의 미래에 대해 불필요한 관심을 갖게 된다.

> 이에 베드로가 그[예수께서 사랑하시는 그 제자]를 보고 예수께 여짜오되 주여 이 사람은 어떻게 되겠삽나이까(요 21:21)

비교의식에 꽉 사로잡혀 있는 베드로의 질문 자체를 주님께서는 무시하신다. 그리고 다음과 같이 단호하게 말씀하신다.

> 예수께서 가라사대 내가 올 때까지 그를 머물게 하고자 할지라도 네게 무슨 상관이냐(요 21:22)

그런데 이로부터 한 가지 문제가 발생한다. 주님의 말씀이 뜻하는 바를 사도 베드로와 사도 요한은 제대로 이해했지만, 그 이야기가 주변에 퍼지는 과정에서 주께서 요한이 절대 죽지 않을 거라 말씀하셨다는 심각한 오해가 발생했다(요 21:23 참조). 누군가가 악의를 갖고 주님께서 말씀하신 바를 왜곡한 것은 아닐 것이다. 하지만 주님의 말씀이 구두로 전해지는 과정에서 누군가 그 뜻을 오해하기 시작했고 또 그 오해가 급기야 널리 퍼지기에 이르렀다. 그 오해의 파장이 결코 만만치 않았던 것 같다. 사도 요한이 주님이 말씀하신 바에 대해 설명하는 공개성명까지 내는 것을 보면 말이다.

> 예수의 말씀은 그가 죽지 않겠다 하신 것이 아니라 내가 올 때까지 그를 머물게 하고자 할지라도 네게 무슨 상관이냐 하신 것이러라(요 21:23)

초등학교 시절 이후에도 오해받는 일들이 종종 있었고 또 지금이라고 완전히 예외는 아니지만, 오해 한 번 받았다고 그때처럼 펑펑 운 적은 그 후로는 없었다. 아마 오해받는 것이 완전히 피할 수 없는 삶의 일부임을 조금씩 터득했기 때문이리라. 물론 그렇다고 내 인격과 말이 오해받는 일이 즐겁게 느껴진 적은 단 한 차례도 없었다.

오해받는 일은 보통 특정한 형태의 불쾌함을 동반하기 마련이다. 하지만, 아이러니하게도 사도 요한이 재림 전까지 죽지 않을 것이라는 1세기 성도들의 오해를 접하면서는 도리어 맘에 위로를 느낀다. 분명하고 오류 없는 주님 말씀도 초대교회 성도들이 이렇게 오해를 했는데, 나처럼 부족하고 실수 많은 사람의 말이야 얼마나 오해하기가 쉬울까?[1] 그러니 설령 누가 나를 오해해도 그리 기분 나빠 하거나 서운해

하지 말아야겠다.

　오해는 피할 수 없는 삶 일부다(주님이 다시 오실 때까지는 말이다). 결코, 오해를 방조하자는 이야기는 아니다. 오해를 피하고자 최선의 노력을 기울여야 할 것이다. 또 모든 오해가 다루기 쉽다는 말도 결코 아니다. 다시 말하지만, 오해받는 일은 근본적으로 괴롭다. 하지만 오해가 피할 수 없는 삶의 일부임을 그대로 받아들이는 것만으로도 얼마간 위안이 된다. 주님의 완전한 말씀마저 오해받았음을 생각하면 더 위로가 된다. 게다가 주님께서 오셔서 만유를 회복하실 그때에는 '오해'라는 존재가 비존재가 될 것을 믿으니 크게 위안이 된다.

　한편, 초대교회 성도들이 예수님의 말씀을 심하게 오해한 사실은 우리 역시 주의 말씀을 잘못 이해할 수 있음에 대해 경고해 준다. 성령을 모신다고 실수가 없지는 않다는 사실은 요한복음 21:22-23에 보도된 본의 아닌 왜곡과 오해를 통해 확인되는 바요, 우리의 삶을 통해 재확인되는 바다. 그렇기에 우리는 겸손해야만 한다. 우리 역시 주님께서 말씀하신 바를 오해하고, 엉뚱하게 해석할 수 있다는 사실을 늘 기억하며 겸손의 자리에 머물러야 한다. 주님 말씀은 참되고 한 치의 오류도 없으나 그렇다고 해서 그에 대한 우리의 해석이 늘 참되고 오류 없는 것은 아님을 실존적으로 인정할 마음의 준비가 늘 되어 있어야겠다.

  1세기 성도들 가운데 득세했던 소문과 달리 사도 요한은 주님 오실 때까지 머물지 못했지만, 오해는 예수님의 재림 전까지 건재할 것이다. 하지만 기억하자! 새 하늘과 새 땅에 오해를 위한 자리는 없다. 그리스도께서 왕으로 오셔서 구원의 역사를 완성하시는 그 날에 '오해'라는 단어 자체를 '새 예루살렘 사전'에서 발견할 수 없을 것이다. 아직은 이 땅 가운데서 오해하고 오해받는 일을 완전히 피할 수는 없다. 그리스도의 공동체도 그로부터 완전히 면역된 것은 아니다. 더 솔직히 말하자면, 필자와 독자 모두 이 땅에서 벌어지는 오해하고 오해받는 과정들 가운데 적잖은 공헌을 해오고 있다. 그러나 주께서 다시 오시는 날, 즉 모든 오해가 이해로 대체될 그 날에 대한 소망 때문에 예수님의 제자들은 오해를 완전히 피할 수 없는 괴로운 실존의 한복판 가운데서도 안위를 누릴 수 있다. 예수 그리스도가 누구신지 그리고 우리를 위해 어떤 일을 하셨는지에 대해서만은 오해하지 않고 있다는 확신과 주님께서는 결코 우리를 오해하시는 법이 없다는 믿음이 오해로 짙게 물든 이 세상 한복판에서 부활 예수를 쫓아가는 제자들에게 날마다 평강을 선사한다.

그렇기에 예수의 제자들은 바울을 흉내 내며 이렇게 외친다. "오해야, 너의 승리가 어디 있느냐? 오해야, 네가 쏘는 것이 어디 있느냐?"

> 예수께서 가라사대 내가 올 때까지 그를 머물게 하고자 할지라도 네게 무슨 상관이냐 너는 나를 따르라 하시더라 이 말씀이 형제들에게 나가서 그 제자는 죽지 아니하겠다 하였으나 예수의 말씀은 그기 죽지 않겠다 하신 것이 아니라 내가 올 때까지 그를 머물게 하고자 할지라도 네게 무슨 상관이냐 하신 것이러라(요 21:22-23)

Chapter 19 _

죽음 앞에서 영생을 노래하다

이 말씀이 형제들에게 나가서 그 제자는 죽지 아니하겠다 하였으나 예수의 말씀은 그가 죽지 않겠다 하신 것이 아니라 내가 올 때까지 그를 머물게 하고자 할지라도 네게 무슨 상관이냐 하신 것이러라(요 21:23)

안타깝게도 목회자들이나 기독교 지도자들이 자신을 준-신격화하거나 준-교주화하는 경우들이 적잖이 존재한다. '준-신격화' 혹은 '준-교주화' 같은 단어를 들으면 '그건 이단들 가운데서나 벌어지는 일이지…'라고 생각하는 사람들도 있겠지만, 안타깝게도 정통 교단에 속한 정통 교회들 가운데도 그런 일들이 발생하곤 한다.

주후 1세기 사도시대 교회에서 아마 그런 준-교주적인 위치를 누릴 가능성이 있는 인물을 굳이 꼽자면 몇 명의 후보가 있겠는데, 그중 하나가 사도 요한이라 사료된다. 특별히 1세기 후반에 이르러서는 그러했을 법하다. 사도 요한을 제외한 주님의 열 한 사도들은 그리스도의 복음을 전하다 일찍이 순교했다.[1] 각각 팔레스타인과 디아스포라 지역에서 복음 사역을 충성되게 감당하며 선교사역의 중추 역할을 했던 베드로와 바울이 네로 치하에서 순교한 지도 벌써 여러 해가 흘렀다.[2] 그 쟁쟁한 사도들이 모두 이 땅을 떠나고 세월이

제법 흐르면서 사도 요한의 위상에는 상대적으로 더 큰 무게감이 실렸으리라. 예수님의 갈릴리 초기 사역부터 주님을 바짝 쫓았고, 변화산상에서 주님과 함께했으며, 그리스도의 공생애 사역 전반에 동행했고 나아가 그의 죽음을 직접 목도한데다가 부활하신 주님을 적어도 세 차례 뵈었던 요한이었다. 그는 열두 사도 중 한 명이었을 뿐 아니라 수제자 그룹 3인방 중 하나였고, 성령강림 후 초대교회의 사역에서 베드로, 바울, 그리고 주님의 동생(half-brother)인 야고보와 함께 대표 지도자로 활약했다. 그런 사도 요한의 존재감을 다른 사도들의 빈자리가 느껴지는 주후 1세기 후반의 성도들이라면 그리 어렵지 않게 느낄 수 있었으리라.

더욱이 1세기 후반 사도 요한의 주 사역 근거지였던 소아시아의 에베소에서 그의 위상은 더욱 강력했을 것이다.[3] 그에 맞물려서 일부 성도들이 베드로를 향한 예수님의 꾸지람을 오해한 결과로 요한은 주님 다시 오실 때까지 죽지 않고 살아서 재림하시는 주님을 직접 뵙게 될 거라는 소위 '요한불사론'이 득세를 하고 있었다(요 21:22-23). 다른 사도들이 하나, 둘씩 모두 순교하고 결국 열두 제자 중 세배대의 아들 요한만 유일하게 살아 남아있는 1세기 말의 상황 속에서 그 같은 '요한불사론'은 상당히 힘을 얻었을 것이다.[4]

그러나 막상 사도 요한 자신은 소위 '요한불사론'에 한 마디로 찬물을 확 끼얹는다. 아니, 얼음물을 들이붓는 수준이다.

> 이 말씀이 형제들에게 나서 그 제자는 죽지 아니하겠다 하였으나 예수의 말씀은 그가 죽지 않겠다 하신 것이 아니라(요 21:23)

요한은 자신이 머지않아 죽게 될 것을 암시한다. 그렇게 자신의 유한함을 분명하게 인정한다. 요한 자신이 한 인간에 지나지 않음을 선명하게 고백한다. '요한불사론'이 인간적 관점에서는 요한 자신의 위상을 크게 높여주는 역할을 하고 있지만 그는 이를 단호하게 거부하고, 자신의 다가오는 죽음에 대해 담담하게 그리고 당당하게 선포한다.

사도 요한이 죽음을 앞에 두고도 그렇게 담담하고 또 당당할 수 있었던 것은 그가 선포해 온 영생에 대한 확신 때문이었다.[5]

> 영생은 곧 유일하신 참 하나님과 그의 보내신 자 예수 그리스도를 아는 것이니이다(요 17:3)

> 내(예수 그리스도의) 살을 먹고 내 피를 마시는 자는 영생을 가졌고 마지막 날에 내가 그를 다시 살리리니(요 6:54)

> 하나님이 세상을 이처럼 사랑하사 독생자를 주셨으니 이는 저를 믿는 자마다 멸망치 않고 영생을 얻게 하려 하심이니라(요 3:16)[6]

필자는 어릴 적부터 요한복음 3:16을 암송하고 또 이제 와서 보면 좀 투박한 듯 한 F 장조 선율에 맞춰 열심히 노래 했다. 그러나 자신의 죽음이 멀지 않았음을 직감하고 있는 "예수의 사랑하시는 그 제자"에게 요한복음 3:16은 단지 암송의 대상이나 아름다운 노랫말 정도가 아니다. 사도 요한에게 3:16은 다음 세대의 생명, 그러니까 영원한 생명의 교향곡(symphony)이며, 죽음을 앞두고도 그가 여전히 담담하고 당당할 수 있는 유일한 이유다. 요한은 그의 글을 통해 우리에게 묻는다.

"하나님을 인격적으로 대면했는가?"

"세상 죄 지신 하나님의 어린 양 예수 그리스도를 진정 신뢰하는가?"

"그렇기에 나 요한처럼 죽음을 앞두고도 영생을 노래할 수 있는가?"

죽음을 앞두고 영원한 생명을 바라본 요한, 자신의 유한함을 직면하며 하나님의 무한하심을 노래한 요한은 그가 가르치고 또 전파한 다음 세대의 생명을 이미 부둥켜안고 있었다. 아니다. 요한이 이 땅에 아직 발을 딛고 사는 마지막 시간 가운데 다음 세대의 생명이 이미 그를 부드럽지만 강력하게 끌어안고 있었다.

이 말씀이 형제들에게 나가서 그 제자는 죽지 아니하겠다 하였으나 예수의 말씀은 그가 죽지 않겠다 하신 것이 아니라 내가 올 때까지 그를 머물게 하고자 할지라도 네게 무슨 상관이냐 하신 것이러라(요 21:23)

Chapter 20 _

성경의 선택적 성격

예수의 행하신 일이 이 외에도 많으니 만일 낱낱이 기록된다면 이 세상이라도 이 기록된 책을 두기에 부족할 줄 아노라(요 21:25)

신약학을 전공하고 신학대학원에서 그간 가르치면서 내가 성장한 부분이 있다면 성경을 읽고 해석할 때 어떤 질문을 해야 하는지에 대해 분별력이 더 생겼다는 것이다. 성경에 대해 남다른 열정이 있고 명석한 두뇌를 가진 학생들이 제기하는 질문 중 사실 매우 흥미롭지만 새 하늘과 새 땅이 도래하기 전에는 마땅한 답을 찾기 어려운 것들이 상당히 많다. 특히 성경이 직접 말씀하고 있지 않은 주제들 및 그와 관련된 역사적 혹은 철학적인 질문들이 그렇다.¹ 부친께서 누누이 경고하셨던 인생의 속도를 몇 년 전에 절감한 후, 나는 그런 질문들에 대한 사유는 되도록 자제하고, 성경이 명백히 말씀하고 있는 바를 제대로 이해하는 데 더 집중하기로 했다. 그것만 하기에도 인생이 너무 짧기 때문이다(그 결심은 아직 유효하다!).

　위와 같은 필자의 결단은 사실 성경이 가진 선택적 성격과 깊은 관계가 있다. 성경은 우리가 꼭 알아야 할 것들을 선택하여 기록한 책이지 우리가 알고 싶어 하는 모든 것에 대해 일일이 열거하고 설명해 주는 책이 아니다. 사도 요한은 그의 복음서를 마무리하면서 "예수의 행하신 일이 이 외에도 많으니 만일 낱낱이 기록된다면 이 세상이라도 이 기록된 책을 두기에" 부족하다고 밝힌다(요 21:25; 20:30-31 참조). 이를 통해 그의 복음서가 예수께서 하신 모든 행적을 다 기록하고 있는 것은 아님을 분명히 한다.

사도 요한은 제4복음서를 쓰면서 자신이 예수님에 관해 목격한 모든 사실을 다 포함하지 않았다. 그의 독자들이 궁금해할 만한 모든 이슈에 대해 일일이 답변을 주지도 않았다. 요한은 그가 목격한 여러 사실 중에서 자신의 저술목적에 부합되고 또 독자들에게 꼭 필요한 부분들을 신중하게 선별하여 기록했다.

> 예수께서 제자들 앞에서 이 책에 기록되지 아니한 다른 표적도 많이 행하셨으나 오직 이것을 기록함은 …(요 20:30-31)

필자는 요한복음 기록의 선택적 성격에 대한 이와 같은 관찰을 적어도 일반적으로는 성경 전체로 확대해 볼 수 있다고 믿는다.[2] 성경은 우리가 알고 싶은 모든 것들에 대해 일일이 기록한 책이 아니다. 우리에게 꼭 필요한 것을 선별해서 기록한 책이다. 그렇기에 성경이 침묵하고 있는 문제들에 대

한 답을 찾고자 매우 순수한 열정으로 성경을 연구할 때, 만족스러운 답을 얻지 못하는 경우가 잦다.[3]

주님께서는 우리의 모든 질문에 일일이 답을 주시지 않으신다. 하지만, 우리가 꼭 알아야 할 것들은 반드시 알려주신다. 실제로 요한복음 21:20-22을 보면, 주님께서 사도 요한의 장래에 대한 베드로의 질문에 대해서는 일절 답을 주시지 않고, 그 질문 배후에 깔린 동기(비교의식)만 드러내 교정하신다. 시몬 베드로의 최후에 관해서는 그가 묻기도 전에 미리 선제적으로 알려 주신 반면(요 21:18-19), 요한의 최후에 대한 베드로의 궁금증은 아주 조금도 해소해 주시지를 않는다(요 21:20-22). 베드로가 여쭈어보지도 않는 것에 대해서는 먼저 알려주셨지만, 정작 그가 알고 싶어 하는 부분에 대해서는 답을 허락하지 않으신다(요 21:22).

이미 언급한 대로 주께서 우리가 궁금해하는 사항들에 대해 늘 답을 주시진 않지만, 우리가 반드시 알아야 할 것들에 대해선 거듭 가르쳐 주신다. 주님께서 베드로에게 "나를 따르라(요 21:19)"라고 명하신 후 그가 그 명령을 잊고 요한과의 비교의식에 빠져버렸을 때, "너는 나를 따르라"(요 21:22)라고 다시 말씀하심으로 베드로가 집중해야 할 바를 분명하게 상기시켜 주신다. 또한, 1세기 유대교에서 유행했던 승리주의적 메시야관에 푹 빠져 있던 제자들을 향해서는 자신의 임박한 죽음에 대해 반복해서 가르치신다(막 8:31, 9:31, 10:33-34 및 마태 및 누가의 병행구).[4]

주님의 말씀인 성경은 우리의 모든 궁금증을 해소해 주는 것을 목적으로 하지 않는다. 그러므로 우리 자신의 호기심을 완전히 충족시키고자 하는 자세로 성경을 읽으면 비록 그 동기는 순수할지라도 결과는 대부분 그 기대에 미치지 못한다. 과거 필자의 경험처럼 말이다. 반면, 성경이 말씀하고 있는 내용, 특별히 성경이 명백히 강조하고 있는 가르침을 제대로 이해하여 순종코자 하는 열망에 근거한 지속적인 노력은 예외 없이 보상을 받는다. 성경이 늘 우리의 질문들에 대해 우리가 원하는 방식의 답을 제공하는 것은 아니다.[5] 그러나 우리가 꼭 알아야 할 것들에 대해서는 그저 문제를 제기할 뿐 아니라 제기된 문제에 대해 충분하고도 생명력 넘치는 답을 제공한다(요 20:31)!

지식을 얻기 위해 노력하는 것은 값진 일이다. 하지만 우리가 주님처럼 전지(omniscient)한 존재가 아님을 또한 기억해야 한다(요 21:7). 우리의 한계를 분명히 인정하고, 겸허하게 하나님의 말씀을 대해야 한다. 우리 자신이 실은 성경 저자보다 한 수 위라는 교만한 태도를 보이고 마치 위에서 아래를 내려다보듯 성경을 읽어서는 곤란하다. 그렇게 성경을 읽는 자는 그 접근 방식 자체가 잘못되었기에 하나님의 말씀이 주시는 생명력을 경험치 못한다(막 10:15 참조). 우리가 아무리 교만하더라도 최소한 하나님이 우리보다 한 수 위시다라는 마음으로 성경을 읽어야겠다. 그러나 바라기는 겨우 그 정도가 아니라 주님을 경외함으로 그분의 말씀 앞에 떨며(사 66:2), 그분이 말씀하시는 바를 온 힘 다해 경청해야 한다(막 4:3, 9 참조). 성경의 말씀을 바르게 해석하고자 최선의 노력을 기울이며, 그저 이해하는 데 그치지 말고 그대로 순종해야 한다(요 21:6 참조). 주님이 말씀하신 바를 붙잡고 살아가야 한다. 아니다. 그 말씀에 확 붙들려 살아야 한다(행 18:5 참조).

이제 중학생이 된 제법 의젓한 아들이 밥 대신 군것질로 배를 채우려 할 때가 간혹 있다. 아들을 참 좋아하지만 그런 경우 밥보다 과자를 더욱 열정적으로 원하는 아들의 요청을 다 들어줄 순 없다. 나는 내 자신이 아들의 가장 나이 많은 친구이긴 하지만, 동시에 그의 아버지라는 사실을 스스로에게 상기시켜야 한다! 아들의 성장에 필요한 것은 영양가 있는 식사지 군것질 시리즈가 아니다.

성경이 말씀하고 있지 않은 부분에 대한 우리들의 끊임없는 호기심과 질문들이 때론 밥보다 과자를 원하는 아들의 요청과 흡사한 듯하다. 이미 식탁 위에 영양가 있는 식사가 차려져 있다. 이를 감사한 맘으로 받는다면, 우리 몸에 필요한 영양분을 섭취하게 될 것이다. 그러지 않아도 필요 이상으로 먹게 되는 군것질거리에 대해선 잠시 잊는다 해도 그리 나쁠 것이 없겠다.

때론 우리 자신이 성경에 대해 갖고 있는 질문들을 잠시 뒤로 하고, 주께서 성경에서 말씀하신 바에 귀를 기울이는 것이 필요하다. 우리가 반드시 알아야 할 것이 무엇인지는 우리보다 주님께서 더 잘 아시기 때문이다. 또 우리가 반드시 알아야 할 그 진리가 이미 성경에 계시되어 있기 때문이다.

물론 인간이라면 누구나 질문하면서 산다. 자신에 대해, 자기가 속한 공동체에 대해 나아가 하나님에 대해 질문한다. 특히 필자는 더 많은 질문을 가진 부류에 속하고 그래서 남들보다 더 '피곤하게' 사는 편이다. 아니, 그런 식으로 '피곤하게' 사는 것이 이제 거의 몸에 뱄다. 하지만 필자가 가진 질문 하나하나에 대한 답을 추구하는 것보다 더 시급한 일은 모든 것 다 아시는 주(요 21:17)께서 이미 내게 주신 성경의 진리에 주목하는 것이다(요 21:24; 20:31 참조). 주님은 이미 부활하셨으나 성도들은 부활을 경험치 않은 이미 - 그러나 – 아직(already but not yet)의 시점을 사는 제자들이 자칫하면 주님의 말씀을 오해할 수 있기에(요 21:23 참조), 주의 깊게 성경의 계시에 집중하는 것이 절실하게 필요하겠다. 예수님께서 왕으로 다시 오실 그 날까지는 성경의 진리와 경쟁을 벌이려는 짝퉁 '진리'들이 다 가시지는 않을 것이기에 매 순간 우리의 생각과 삶을 성경 아래로 가져가는 겸손과 헌신이 절실히 요구된다.

Chapter 21 _

어떻게 강연을 마쳐야 명강연일까?

두 교수 이야기

예수의 행하신 일이 이 외에도 많으니 만일 낱낱이 기록된다면 이 세상이라도 이 기록된 책을 두기에 부족할 줄 아노라(요 21:25)

책에서 가장 중요한 부분은 시작 부분이라고들 종종 말한다. 그러나 시작 부분의 중요성은 단지 책에만 국한되지 않으며 예술작품, 강연 등 모든 종류의 커뮤니케이션에 일반적으로 적용된다. 요한복음 내에서도 그 시작 부분인 프롤로그(요 1:1-18)가 거의 절대적인 중요성이 있다는 사실에 대해 신약학자들은 주저 없이 동의한다. 그런데 커뮤니케이션에 있어서 시작 부분 다음으로 중요한 부분을 꼽으라면, 그것은 단연코, 끝부분이다.

커뮤니케이션에 있어 끝부분이 갖는 중요성에 대해 이야기를 하니까 약 20년 전에 들었던 한 특강이 생각난다. 시간이 지나서 구체적인 내용이 일일이 다 기억은 안 나지만, 그 강연 중 들었던 한 마디는 지금까지도 너무나 생생해서 앞으로도 쉽게 잊히지 않을 듯싶다. 연사는 당시 서울의 한 유명대학에 봉직하던 노교수로 은퇴를 앞두고 있는 분이었다. 한국의 작곡계를 대표할 뿐 아니라, 국제적 인지도까지 있는 인물이었다. 강연의 내용은 대부분 당시 한국을 대표하는 소장파 작곡가들의 근래 작품을 소개하는 것이었다. 이 노교수의 특강은 매우 흥미진진하고 또 유익했다. 아울러 유력한 국제 콩쿠르에서 수상한 유망한 한국출신 소장파 작곡가들이 있다는 사실이 매우 고무적이었다. 그러나 특강 막판에 들은 한마디가 그 강연 전체가 주었던 감흥과 감동에 찬물을 끼얹고 말았다.

"그런데 말이야, 이 사람들이 다 공교롭게도 내 제자라고…"

물론 여기서 "공교롭게도"라는 표현은 결코 공교롭게 사용된 것이 아니었다. 철저히 의도된 것이었다. 한국을 대표하며 국제적 인지도가 있다는 노교수 겸 대작곡가의 입에서 튀어 나온 그 한마디가 너무 유치해서 내가 어디서 누구 이야기를 듣고 있었는지 의심이 갈 정도였다.

그런데 문제는 그런 유치원 수준의 자기 자랑이 교회 안에도 성행한다는 사실이다. 나는 개인적으로 간증 듣는 것을 좋아한다. 한 사람, 한 가정, 한 믿음의 공동체를 위해 주께서 예비하시고 행하신 일들에 대해 들을 때 느껴지는 생생한 감동이 있다. 성경 중에서도 내가 가장 좋아하는 책들은 주로 내러티브(narratives)인데, 아마 비슷한 이유 때문일 것이다. 사실 나 자신도 종종 개인 간증을 나누는데, 내 삶에서 역사해 주셨고 또 부족한 나를 지금도 붙잡아 주시는 주의 은혜에 대해 이야기를 나누다 보면 다른 사람들에게도 격려가 되지만 먼저 내 마음이 큰 힘을 얻는다. 또 성도 간에 서로 간증을 나누는 중에 참된 교제가 일어남을 종종 본다.

하지만, 아쉽게도 우리의 간증이 위에 언급한 노교수의 강연처럼 처음에는 잘 나가다가 나중에는 '공교롭게' 유치한 자기 자랑이 되어 버리는 경우가 적지 않다. 물론 그런 '공교로운' 자기 자랑의 근저에는 남에게 인정받고 싶어 하는 지극히 유치하지만, 매우 강력한 욕구가 도사리고 있다. 그렇기에 간증을 하다가 때로는 은근하게(너무 얄밉지 않을 정도로) 그리고 때로는 뻔뻔하게(아주 얄밉고도 남을 정도로) 자기를 내세우는 것이다.

제4복음서 마지막 부분에서 우리는 또 한 명의 노교수를 만난다. 그런데 이 노교수는 앞서 언급한 노교수와는 완전 딴판이다. 그는 자기의 '특강' 전체에 걸쳐 줄곧 자기 스승인 예수님에 대해 자랑했다. 그의 '특강'을 마칠 때도 자신을 조금도 내세우지 않고 변함없이 예수님만 높인다. 이 에베소의 노교수는 예수께서 행하신 일들이 너무 많아 책 한 권에는 그것들을 다 담을 길이 없을뿐더러, 온 세상이라도 그것을 다 담을 수 없으리라 선포한다. 그렇게 자기 스승만을 높인다.[1] 사도 요한으로 더 널리 알려진 이 노교수는 예수님의 비할 수 없는 위대함을 찬미함으로 그의 강연을 장엄하게 마무리한다(요 21:25).

우리는 누구의 영광을 위해서 사는가? 우리의 삶은 궁극적으로 누구를 높이고 있는가? '참된 신학은 참된 예배로 이끈다'라는 말이 있다.[2] 과연, 예수님에 대한 우리의 많은 이야기가 우리 자신과 듣는 이들을 예배의 자리로 이끄는가? 아니면 우리의 많은 말들은 결국 우리 자신에 대해 조금 더 나은 인상을 남기는 데 그치고 있는가? 예수님께서는 "나는 사람에게서 영광을 취하지 아니하노라"(요 5:41)고 말씀하셨다. 사도 요한은 바리새인들을 두려워했던 관원들에 대해 회상하며, "그들은 사람의 영광을 하나님의 영광보다 더 사랑하였더라"(요 12:43)고 묘사한다. 우리는 과연 "하나님의 영광"을 "사람의 영광"보다 더 사랑하는가? 하나님의 인정을 사람의 인정보다 더 존귀하게 여기는가? 우리의 삶은 위에 언급된 두 명의 노교수 중 누구의 것을 더 닮았는가? 우리의 이야기는 이 두 명의 노교수가 들려준 이야기 중 누구의 것을 더 닮았는가?

인생과 사역의 황혼기에 서 있는 사도 요한은 그의 이야기를 마쳐가면서 딱 한 마디 더 나눌 기회가 있을 때 주저함 없이 예수 그리스도의 이름을 높인다. 그는 그렇게 자신이 기록한 복음서의 주인공이 누구인지를 그리고 자기 인생의 주인이 누구인지를 기억했다.

어떻게 강연을 마쳐야 명강연일까? 그리고 어떻게 살아야 명품인생일까? 에베소의 노교수 요한은 그에 대한 영롱한 가르침을 우리에게 선물해 준다.[3]

> 예수의 행하신 일이 이 외에도 많으니 만일 낱낱이 기록된다면 이 세상이라도 이 기록된 책을 두기에 부족할 줄 아노라(요 21:25)

나가면서

 이 부족한 책이 독자들이 하나님 말씀을 더 사랑하고, 성경을 더 깊이 묵상케 하며, 주의 가르침에 그들의 삶을 더 내어 맡기도록 하는데 작은 보탬과 격려가 되었다면 필자에겐 말로 다 할 수 없는 큰 감사의 제목이 될 것이다.
 사도 요한이 그의 복음서를 주님에 대한 찬양으로 마친 것을 생각한다면(요 21:25), 요한복음 마지막 장에 대한 스물한 개의 묵상을 담은 이 책을 찬양으로 마무리하는 것은 아마 일종의 필연일 것이다.

주 예수보다 더 귀한 것은 없네
이 세상 부귀와 바꿀 수 없네
영 죽은 내 대신 돌아 가신
그 놀라운 사랑 잊지 못해

주 예수보다 더 귀한 것은 없네
이 세상 명예와 바꿀 수 없네
이 전에 즐기던 세상 일도
주 사랑하는 맘 뺏지 못해

주 예수보다 더 귀한 것은 없네
이 세상 행복과 바꿀 수 없네
유혹과 핍박이 몰려 와도
주 섬기는 내 맘 변치 않아

세상 즐거움 다 버리고
세상 자랑 다 버렸네
주 예수보다 더 귀한 것은 없네
예수 밖에는 없네

새찬송가 94장: 주 예수보다 더 귀한 것은 없네

주

저자 서문

[1] 유진 피터슨의 표현을 빌리자면, 내가 "성경에 다가가는 방식대로 성경을 읽지" 않았고, 도리어 성경이 나에게 "다가오는 방식대로 성경을" 읽고자 노력했다. 유진 피터슨, 『이 책을 먹으라』 (서울: 한국기독학생회출판부, 2006), 63-4.

Chapter 1 다시 찾아오시는 은혜

[1] 본서에서 한글성경인용은 개역개정을 따랐다. 필자가 기존의 개역개정 번역에 뉘앙스를 더하거나 부가설명을 하는 부분들이 있으나, 이는 문맥상에서 개역개정 번역 자체와 명확히 구분될 것이다.

[2] 도마는 동료 제자들이 자신에게 완전히 날조된 거짓말을 했다고 생각하기보다는 아마도 그들이 목도한 대상이 예수님의 영이나 천사일 뿐 부활하신 예수님은 아니라고 확신했던 듯 같다. 병행 구절은 아니지만, 누가복음 24:37-43에 어느 정도 비슷한 상황이 기록되어 있다. 사도행전 12:13-16도 함께 참고하라.

[3] 베드로가 여기서 이렇게 주목을 받는 것은 이어지는 이야기에서 특별히 그에게 의미 있는 사건들이 전개될 것을 암시하는 듯하다(요 21:15-22 참조).

[4] Craig Keener, *The Gospel of John: A Commentary* (Peabody,

Mass.: Hendrickson Publishers, 2003), 2:1227. Raymond Brown 은 그의 요한복음 주석에서 신약의 네 복음서를 통틀어 제자들이 예수님 없이 고기를 잡았다는 기록이 단 한 차례도 없다는 사실에 주목한다. Raymond E. Brown, *The Gospel according to John* (AB), 2 vols. (Garden City: New York: 1966-70), 2:1071.

Chapter 2 그의 다른 제자 둘

1 베드로, 야고보, 요한은 감람산에서 성전을 마주보고 예수와 대화를 나눈 4명의 제자군에도 포함되었다(막 14:3 이하). 한편, 그들은 겟세마네 동산에서는 깨어 기도하지 못하고 그만 잠이 들었다(막 14:37 이하).

2 공관복음에 나타난 도마에 관한 언급에 대해서는 마태복음 10:3, 마가복음 3:18, 누가복음 6:15을 참고하라(행 1:13 참조).

3 공관복음에는 '나다나엘'에 관한 언급이 없다. 일부 학자들은 '나다나엘'을 열두 사도 중 하나였던 바돌로매로 추측하는데, 이 주장을 받아들인다 하더라도 바돌로매조차 공관복음에서 열두 사도의 명부에만 언급될 뿐이다(마 10:3; 막 3:18; 눅 6:14). 바돌로매는 아람어로는 바르 돌메로, '돌매의 아들'이란 뜻이다.

4 요한복음에서 '유대인'은 일반적으로 부정적인 뜻으로 쓰이는데(예를 들어, 요 9:22; 20:19), 특별히 혈통적 유대인 중에서 예수 그리스도와 그의 제자들을 거부하고 대적한 이들을 가리키는 표현으로 사용된다. 한편, '유대인'과 짝을 이루는 '참 이스라엘 사람'이라는 표현은 긍정적인 뜻으로 쓰이는데, 요한복음 1장에서 예수님은 이 의미 있는 호칭을 나다나엘에게 적용하시며 그를 칭찬하신다(요 1:47).

5 그렇기에 우리에겐 한 권, 두 권 혹은 세 권의 복음서뿐 아니라 네 권

의 복음서가 모두 필요하다! Strauss는 한 사람의 다양한 면모를 사진 한 장 안에 모두 담아내기 어렵듯 예수 그리스도의 다양한 측면을 담아내기 위해서 네 권의 복음서가 필요하다고 주장한다. Mark L. Strauss, *Four of Portraits, One Jesus* (Grand Rapids, Mich.: Zondervan, 2007), 24를 참고하라.

6 사본학(본문비평)적 증거를 볼 때, 제4복음서가 21장 없이 읽힌 경우는 없다. 이는 21장을 요한복음의 유기적인 부분으로 봐야 한다는 의견에 무게를 실어준다. 아울러 21장은 요한복음의 시작 부분(요 1:1-18)과도 수미쌍관 구조를 이루는데, 특히 다음의 두 가지 측면에서 그렇다. (1) '증언/증인'(witness)이라는 주제가 이 두 부분에서 각기 두드러진다(요 1:7, 8, 15 그리고 21:24를 서로 비교하라). (2) 시간적 측면에서 요한복음의 시작 부분은 성자께서 "태초에"(요 1:1) 계셨음을 말하고, 요한복음의 마지막 부분은 성자께서 파루시아(재림) 때 다시 오실 것에 관해 언급한다(요 21:22-23).

7 요한복음 21:12 역시 예수님을 이야기의 중심으로 제시한다. 사실 요한복음 21장은 예수 그리스도의 신적 주도권에 의해 진행되는 사건들의 연속으로 구성되어 있다. 요한복음의 마지막 절인 21:25 역시 예수님께 집중하고 있는데, 사도 요한은 이 마지막 절에서 예수님께 찬양을 드림으로써 그의 복음서를 종결한다. 이와 같은 관찰들은 요한복음 21장이 여전히 예수님께 초점을 두고 있다는 견해에 무게를 실어 준다.

8 마가복음에 따르면, 예수님의 주요 제자들은 주님에 대해 지속해서 오해하고 거듭 실수를 범하는 한편(예: 막 8:26-10:45), 이름조차 거명되지 않은 인물들이 귀감이 되는 행동을 하는데(예: 막 12:28, 42-44), 이 역시 생각할 바를 던져준다.

Chapter 3 의지하고 순종하는 길

[1] Craig S. Keener, *The Gospel of John: A Commentary*, 2 vols. (Peabody: Hendrickson, 2003), 2:1228.

[2] 새찬송가 449장, J. H. Sammis 사(1887), D. B. Towner 곡(1887).

Chapter 4 그 베드로가 그립다

[1] 베드로가 주님이시란 말을 듣고 밤새 작업을 위해 겉옷을 벗고 있다가 다시 걸친 장면과 관련하여 그가 겉옷을 입고 수영을 하려고 했던 것이 아니라, 겉옷을 몸에 둘러 묶은 후(요 13:4 참조), 헤엄칠 준비를 한 것이란 해석도 있다. 그러나 만일 그렇다면, 저자 요한이 왜 베드로가 겉옷을 벗고 있었음을 굳이 언급하는지 조금 이해하기가 어렵다.

[2] 정확히 기억이 나지는 않지만 '거룩한 낭비'라는 표현은 아마도 마르바 던(Marva Dawn)의 책 *A Royal Waste of Time*에서 영감을 받은 것으로 기억한다. Marva Dawn, *A Royal Waste of Time: The Splendor of Worshiping God and Being Church for the World* (Grand Rapids: Eerdmans, 1999). 한국어 번역은 마르바 던, 『고귀한 시간 낭비』, 김병국 역 (고양: 이레서원, 2007)을 참고하라.

Chapter 5 기적보다 더 큰 기적: 보존의 은혜

[1] 한편, 베드로가 숯불 곁에서 주님을 부인했었던 점을 생각해 볼 때(요 18:18, 25-27), 이와 같은 상황 설정이 예사롭지 않다(요 21:15-17 참조).

[2] 수비학(게마트리아[Gematria])적 접근 방식으로 요한복음 21:11에 언급된

숫자 153의 의미를 풀어보려는 다양한 시도가 있었지만, 사실 그 가운데 만족스러운 설명은 없다. 수비학은 문자를 숫자로 환산한 뒤 이를 사용하여 특정 본문을 이해하고자 하는 해석방식이다.

[3] 사도 요한은 그의 복음서에서 여러 상징적 언어를 사용한다. 예를 들어, 요한복음 3:2과 13:30에 있는 '밤'에 대한 언급과 요한복음 전반에 걸쳐 나타나는 '빛'과 '어두움'의 대조를 살펴보라(예: 요 1:5). 요한의 상징적 언어 사용에 대해선 Andreas J. Kostenberger, *A Theology of John's Gospel and Letters* (Grand Rapids, MI : Zondervan, 2009), 132를 참고하라. 요한복음 21:11에 사용된 상징적 언어에 대한 언급은 결코 해당 기사의 역사성을 약화하거나 타협시키지 않는다. 오히려 예수님께서(그리고 저자인 사도 요한이) 그 역사적 사건/상황을 통해서 말하고자 했던 바가 무엇인지에 관해 생각하도록 돕는다.

요한복음 6장의 오병이어 기적에서 예수님께서 군중들을 배불리 먹이신 후 "남은 조각을 거두고 버리는 것이 없게" 하신 것 역시 주님의 보존하시는 역사에 대한 상징적 메시지를 담고 있는 듯하다(요 6:12). 요한복음 6장의 오병이어 사건과 요 21장의 아침 식사는 서로 많이 닮았다. 먼저, 둘 다 디베랴 바다에 위치한 사건인데, 디베랴 바다에 대한 언급은 신약성경 전체에서 오직 이 두 개의 장에만 나타난다(요 6:1, 23; 21:1). 또한, 물고기와 생선이 식사 메뉴인 점 그리고 먹고도 풍성히 남을 만큼 충분한 양의 음식이 기적적으로 공급되었다는 사실도 공통점이다. 아울러, 앞서 언급한 대로, 신적 보존에 대한 상징적 언어(요 6:12에서 남은 조각들을 모두 모아들임; 요 21:22에서 그물이 찢어지지 않음)가 공히 사용되었다. 추가로, 요한복음 6장에서 오병이어 기적 이후에 나오는 기사가 예수님이 바다 위를 걷는 사건(요 6:16-21)인데, 신의 현현(epiphany)적 요소를 갖고 있는 이 계시적 사건을 요21:1("그 후에 예수께서 디베랴 바다에서 또 제자들에게 자기를 나타내셨으니 나타내신 일이 이러하니라")와 연결해 볼 수 있겠다. 요한복음 21:1의 동사 "나타내셨으니"와 "나타내신"은 모두 헬라어로 *에화네로센*인데, 문자적으로 '계시하셨다'라는 뜻이다.

Chapter 6 쉐프 예수 (Jesus the Chef)

1 제자들의 풍성한 영적 수확에 대해서는 사도행전을 보라.
2 예수님이 제자들을 부모의 마음으로 대하셨다는 것은 요한복음 21:5, 특히 "얘들아(헬: *파이디아*)"라고 제자들을 호칭하신 부분에 암시된 것으로 보인다.

Chapter 7 호 퀴리오스 에스틴! 주님이시다!

1 요한복음 21:1과 21:14은 함께 수미쌍관구조(inclusio)를 이루는데, 사도 요한은 이와 같은 구조를 통해 21:1-14의 부활 후 기사(post-resurrection story)를 21장 내에서 하나의 분명하고 의미 있는 단위로 제시한다.
2 아울러 요한복음 21:4과 12절을 비교하면 이 두 헬라어 표현이 모두 제자들의 앎 혹은 깨달음과 관련해서 사용되었음을 볼 수 있다.

> 날이 새어갈 때에 예수께서 바닷가에 서셨으나 제자들이 예수신줄(*이에수스 에스틴*) 알지 못하는지라(요 21:4)
>
> 예수께서 가라사대 와서 조반을 먹으라 하시니 제자들이 주신 줄(*호 퀴리오스 에스틴*) 아는 고로 당신이 누구냐 감히 묻는 자가 없더라(요 21:12)

요한복음 21:4에서 해변에 서 계신 예수를 미처 알아보지 못했던 제자들이 기적적 포획 후에 부활하신 그리스도를 알아보게 되고, 12절에 이르러서는 디베랴 바닷가로 자신들을 찾아온 그분이 바로 부활하신 주님이심을 확실히 깨닫게 된다.

Chapter 8 실패 직면: 회복의 지름길

1   요한복음 21:15–17을 해석하면서 '사랑하다(to love)'는 뜻을 가진 두 헬라어 동사 *휠레오와 아가파오*를 서로 구분하고 대조시켜 본문을 이해하는 경우가 종종 있다. 이 경우 보통 *아가파오*를 *휠레오*보다 더 궁극적이고 고차원적인 형태의 사랑으로 이해한다. 그러나 요한복음의 맥락에서 이 두 개의 헬라어 동사는 상호교환적으로 사용된다. 요한복음 3:35과 5:20은 모두 성자에 대한 성부의 사랑을 언급하는데, 3:35에서는 *아가파오*가 그리고 5:20절에서는 *휠레오*가 각각 사용된다. 21:15–17에서 *아가파오와 휠레오*가 기본적으로 같은 뜻을 갖는다는 위의 이해는 15–17절이 아래와 같은 상호교환 가능한 표현들을 병용한다는 사실에 의해 추가적인 지지를 받는다: (1) '먹이라'(*보스코*)(요 21:15, 17)와 '치라'(*포이마이노*)(요 21:16); (2) '어린 양'(*아르니온*)(요 21:15)과 '양'(*프로바톤*)(요 21:16, 17); (3) 21:17에서 '알다'라는 뜻을 가진 두 개의 헬라어 동사(*오이다와 기노스코*)를 번갈아 사용함.

2   요한복음 18장에 보면, 예수님은 본인이 누구인지를 계속 긍정하신다(요 18:5, 6, 8). 한편, 베드로는 자신이 누구인지를 지속해서 부정한다(요 8:17, 25, 27 [18:37 참조]). 헬라어 표현을 살펴보면, 예수님은 *에고 에이미*(I am)라고 계속 답하지만, 베드로는 *우크 에이미*(I am not)라고 거듭 반응한다. 사도 요한은 예수님과 베드로의 반응을 이처럼 극명하게 대

조시킨다. 아울러, *에고 에이미*(I am)이라는 표현은 특별히 요한복음의 맥락에서 예수님의 신성을 암시하는 표현이라는 점 역시 주목해야 하겠다(요 4:26, 6:20; 35; 41; 48; 51, 8:12; 18; 23; 58, 10:7; 9; 11; 14, 11:25, 14:6, 15:1; 5; 14; 27, 18:5; 6; 8 참고).

3   요한복음 21:9에 등장했던 '숯불'도 15-17절의 내용에 비추어 볼 때 결코 예사롭지 않다. 주님께서 재판받으시는 중에 베드로가 주님을 모른다 부인했던 일이 바로 숯불 가에서 벌어졌기 때문이다(요 18:18, 25). 여기서 '숯불'에 해당하는 헬라어 단어 *안쓰라키아*는 신약성경 내에서 위의 두 구절에만 등장한다.

4   필자는 여기서 의도적으로 부활의 언어를 사용했다. 이러한 부활 언어의 사용은 그리스도의 부활 생명이 성도의 현재 삶에 어떻게 역사하는지를 암시한다. 아울러 성령을 통해 성도들 가운데 이미 역사하는 부활 생명은 성도들의 몸의 부활에 대한 믿음과 소망을 고취한다(엡 1:13-14).

Chapter 9 주여 모든 것을 아시오매

1   요한복음 21:15 및 16절에서 베드로는 거듭 "내가 주를 사랑하는 줄 주께서 아시나이다"라고 고백하는데, 이 고백 가운데도 주님의 지식과 통찰력에 대한 강조가 담겨 있다. 그러나 주께서 "모든 것"을 아심에 대한 직접적 언급은 17절에서 비로소 나타난다.

2   예수님의 전지하심과 초자연적 지식에 관해서는 요한복음 1:42, 47-48, 2:25, 16:30 등을 참고하라.

3   주님께서 베드로에게 기대하시는 것은 주님을 향한 순전하고 진실한 사랑이지 완벽한 사랑은 아니다. 오직 주님의 사랑만이 완전하다!

Chapter 10 목양사역의 단 한 가지 조건: 쉐마(Shema)적 사랑

1. 십자가를 지시기 전에도 예수님은 이미 이러한 사랑에 대해 가르치셨다. 주님에 대한 사랑은 단순히 감정을 통해서가 아니라 참된 의존과 순종을 통해 가시화됨을 말씀하지 않으셨던가?

   나의 계명을 가지고 지키는 자라야 나를 사랑하는 자니… 사람이 나를 사랑하면 내 말을 지키리니…나를 사랑하지 아니하는 자는 내 말을 지키지 아니하나니(요 14:21, 23, 24).

2. 저자 요한이 그의 복음서에서 '사랑하다'는 뜻을 지닌 헬라어 동사 *휠레오*와 *아가파오*를 상호교환 가능한 형태로 사용하는 점에 비추어 볼 때(요 3:35 [*아가파오*]과 5:20 [*휠레오*]을 비교하라), *휠레오*가 *아가파오*에 비해 열등한 차원의 사랑을 묘사한다는 제안은 적어도 제4복음서의 해석에서는 적절하지 않다.

3. 모든 것을 다 아시는 예수님께서는 물론 베드로가 자신의 질문에 어떻게 답할지 아셨다(요 21:17). 그런 뜻에서 이 질문은 주님 자신을 위한 것이라기보다 베드로를 위한 것이다. 주님께서는 베드로가 어떻게 답할지를 알고 계셨다 해도, 베드로가 스스로 입을 열어 예수님을 향한 그의 사랑을 고백하는 것은 의미 있고 또 꼭 필요한 행동이다. 특별히 베드로가 그 입으로 주님을 부인했었기에 지금 이 시점에서 다시 스스로 입을 열어 주님에 대한 사랑을 고백하는 것은 그의 회복을 위한 긴요하고 필수불가결한 과정이다. 아울러, 주님께서 베드로가 어떻게 답할지를 이미 아셨다고 해서 '사랑'에 대한 문답(요 21:15-17)이 가진 중량감이 감소되는 것은 아니다.

4. 물론 "네가 나를 사랑하느냐"는 주님의 질문은 베드로를 끝까지 사랑하시고(요 13:1), 그를 위해 십자가에 죽으시고(요 19장), 그를 회복시키기 위해 직접 찾아오신 주님의 사랑을 전제한다(요 21:1-14). 베드로가 해야

할 일은 주님의 완전한 사랑에 잠겨 자기를 위해 생명까지 내어주신 주님께 모든 것 내어드리고 그분을 순전하고 진실되게 사랑하는 것이다(요 21:15–17). 주님이 그를 어떻게 사랑해 주셨고 또 용서해 주셨는가에 대한 깨달음이 주님을 향한 베드로의 쉐마적 사랑의 원천이다. 또한, 그러한 깨달음은 베드로가 사랑으로 주의 양 떼를 돌보는 원동력이 될 것이다.

5 여기서 언급된 예수님에 대한 사랑과 예수님의 양무리에 대한 사랑 간의 상호연결성은 하나님 사랑과 이웃 사랑을 연결 지어 강조하신 주님의 가르침과 크게 볼 때 같은 맥락이다(막 12:28–34 및 마태/누가 병행 구절 참조).

Chapter 11 주님의 양

1 구약성경은 거듭 하나님을 이스라엘의 목자로 그린다(시 23:1; 77:20; 78:52; 79:13; 80:1; 95:7; 100:3; 사 40:11; 창 48:15; 49:24). 요한복음 10:1–18에서 예수님은 자신을 목자로 묘사하심으로써 이스라엘의 하나님과 예수님 자신의 정체성 및 역할 사이에 의미심장한 중첩(overlap)이 존재함을 암시한다(요1:1; 5:19–30; 10:30, 38; 20:28 참조).

Chapter 12 베드로가 용서받을 수 있는 이유

1 초대교회의 배교 관련 논쟁은 교회론을 형성하는 가장 중요한 주제였다. 교회론의 아버지라고 불리는 키프리안(Cyprian)의 교회론은 노바티안(Novatian)과의 논쟁에서 형성되었다. 노바티안은 배교했던 자들이 교회의 거룩한 표징을 더럽혔기에 교회에서 이들을 절대로 다시 받아

들일 수 없다는 입장을 개진했다. 한편, 당시 카르타고의 감독이었던 키프리안은 데키우스(Decius)황제의 박해(주후 250-251년)가 끝난 후 죽음을 앞둔 회개자(즉, 전에 배교했다가 회개한 사람들)들을 교회가 다시 받아들이도록 허락했다. 로마에서는 키프리안의 입장을 따르는 감독 코르넬리우스(Cornelius)를 배격하는 차원에서 장로 노바티안을 신임 감독으로 선출함에 따라 로마 교회가 분열하게 된다. 이후 키프리안과 노바티안주의자들 사이에는 격렬한 논쟁이 계속됐다.

어거스틴(Augustin)과 도나투스(Donatus)의 논쟁도 키프리안과 노바티안의 논쟁과 많은 점에서 유사하다. 로마황제 디오클레티안(Diocletian)에 의한 주후 303년의 박해 이후 교회 내부에서 배교자 처리 문제로 갈등을 겪게 되는데, 도나투스는 당대의 대표적 엄격주의자로, 가시적인 교회가 성결해야 한다고 주장하였고, 배교자들은 거룩한 교회를 더럽혔기 때문에 용서받을 수 없는 존재라 여겼다. 반면, 어거스틴은 사랑의 친교를 강조하며 교회의 통일을 주장하였고, 도나투스의 분열적인 행위를 비판하였다. 초대교회 교회론에 관련해서는 Eric George Jay, *The Church: Its Changing Image through Twenty Centuries* (Atlanta, GA: John Knox Press, 1980)를 참고하라. 한글 번역은 E.G. Jay, 『교회론의 역사』, 주재용 역 (서울: 대한기독교서회, 2001)을 보라.

[2] 아울러 저자인 사도 요한이 1:29을 그리스도의 공생애 첫 장면으로 제시한 사실은 이 세상의 근본 문제가 죄라는 그의 신학적 이해를 암시해 주는 듯하다.

[3] Carson과 Moo는 요한복음 11-12장을 제4복음서 전반부와 후반부를 연결하는 전환 부분(transition)으로 이해한다. 요한복음의 전반부에 해당하는 '표적의 책'(요 1:19-12:50) 말미에 그러한 전환이 일어난다는 것은 제4복음서가 내러티브(narrative)라는 점, 그리고 11-12장 후에 요한복음의

후반부인 '영광의 책'(요 13-20장)이 이어진다는 점을 고려할 때, 매우 자연스러운 일이다. D. A. Carson, and Douglas J. Moo, *An Introduction to the New Testament* (Grand Rapids, Mich.: Zondervan, 2005), 228을 보라.

4 사도 요한은 그리스도께서 들리셨다는 표현을 중의적으로 사용한다. 그리스도의 들리심은 예수님께서 로마제국의 십자가에 달려 죽으신 사선을 가리키는 동시에 십자가상의 죽음 그리고 이어지는 부활과 승천을 통해 드러난 그의 영광을 지칭하기도 한다.

5 바라바 대신 예수님께서 십자가에서 처형되었음에 대한 묘사 역시 그리스도의 죽음이 가진 대속적 성격에 대해 암시해 준다(요 18:39-19:19). 그 외에도 요한복음 내에 있는 '때'에 대한 언급들(예: 요 8:20; 12:23) 그리고 2:1-12; 13:1-17; 13:34-3등도 그리스도의 십자가 죽음과 관련된 매우 의미 있는 내용을 포함한다.

6 Martin Kahler, *The So-Called Historical Jesus and the Historic, Biblical Christ*, trans. Carl E. Braaten (Philadelphia: Fortress, 1964), 80n11.

7 스펄전 목사님이 런던의 크리스탈 팰리스에서 수 만 명의 회중 앞에서 설교하기 며칠 전이었다. 스펄전 목사님은 설교하게 될 장소를 사전 방문하였다. 그리고 음향 테스트를 위해 요한복음 1:29을 인용했다: "보라 세상 죄를 지고 가는 하나님의 어린 양이로다." 그런데 그곳에 일하던 한 사람이 그 소리를 하늘에서 그의 영혼을 향해 선포하는 소리로 듣게 된다. 죄를 깨닫게 하는 성령에 의한 강한 충격이 그의 영혼에 고스란히 전달된 것이다. 그는 심지어 그 구절이 무엇인지도 모르던 상황이었다. 그는 즉시 일하던 도구를 내려놓고, 집에 돌아갔으며, 이후에 예수 그리스도를 구주로 영접하게 된다. Lewis A.

Drummond, *Spurgeon: Prince of Preachers* (Grand Rapids, MI: Kregel Publications, 1992), 251. 이 사건은 하나님의 말씀의 능력, 그리스도의 복음의 능력, 하나님 어린 양의 보혈의 능력을 단적으로 보여주는 일화다.

Chapter 13 하나님께 영광? 하나님께 영광!

[1] 초대교회 외경 중 하나인 베드로행전 37-38에 따르면 베드로가 십자가에 거꾸로 달리기를 스스로 요청했고, 그렇게 거꾸로 매달려 순교했다. 베드로의 죽음에 관한 초대교회 전승에 관해선 Eusebius, *Ecclesiastical History* 2.25.5; 3.1.2-3를 참고하라. 베드로의 죽음과 관련한 최근의 설명은 Bryan M. Litfin, *Early Christian Martyr Stories: An Evangelical Introduction with New Translations* (Grand Rapids, MI: Baker, 2014), 34-35를 참고하라.

[2] 물론 그러한 기대는 그리스도의 부활과 오순절 이후 초대교회의 왕성한 선교사역을 통해 완전히 빗나가게 된다! 바울이 기록한 대로, 예수 그리스도께서 십자가에 달리신 것은 "우리를 위하여 저주를 받은 바 되사 율법의 저주에서 우리를" 속량하시기 위함이었다(갈 3:13).

[3] 로마제국의 십자가 처형에 관한 기록은 요세푸스의 저작 여러 곳에 나타나 있다. 요세푸스에 따르면, 로마 시대의 십자가 처형은 로마 황제와 권력에 복종하지 않은 이들을 굴복시키기 위한 잔인한 공포 정치의 수단이었다. Flavius Josephus, *Life* 75; *Antiquities* 12.5; 13.14; 17.10; 18.3; 20.5; *Jewish War* 4.5; 5.6; 5.11을 참고하라.
로마 시대의 십자가 처형은 반역자와 흉악범 그리고 때론 전쟁 포로들을 사형시키는 제도였고, 또 가장 치욕적인 사형 방법이었기에 로마

시민들에게는 이 처형 방식이 적용되지 않았다. 고위층 유대인이 십자가형을 받기도 했는데, 이는 단순히 처형을 의미하는 것을 넘어 신분의 하락을 뜻하는 것이었다. 로마인들에게 있어 예의를 갖추어야 할 자리에서 십자가형에 대해 언급하는 것은 몰상식적인 행위였으며, 십자가형에 대해 침묵하는 것이 일반적인 분위기였다. Martin Hengel, *Crucifixion* (Philadelphia: Fortress, 1977), 33-45를 참고하라.

Chapter 14 주님의 보존 하심과 제자도

1. 요한복음 21:21 이하에 보면, 사도 요한의 최후에 대해서는 베드로가 물어봤지만, 주님께서 그 질문에 대해 답변하시지 않으신다. 하지만 베드로의 최후에 대해선 묻지도 않은 것을 먼저 말씀해 주신다. 왜 그렇게 하셨을까? 본문에서 언급한 대로 일찍이 십자가를 피하고자 주님을 배반한 제자 베드로에겐 그가 장차 십자가에 달려 충성되게 순교할 것이란 예수님의 예언이 큰 위로와 격려가 될 것이기 때문이다. 아울러 그 예언이 베드로가 현재의 삶 가운데 주님을 충성되게 따르도록 격려할 것이기 때문이다.

2. 앞서 언급한 대로, 요한복음 21:11에서 목화 재질의 그물이 큰 물고기 153마리의 무게를 견뎌내고도 조금도 손상되지 않은 것은 베드로를 포함한 제자들을 보호하심 그리고 교회의 선교사역을 보존하심에 대한 상징적 암시인 듯하다.

3. 추가로, 시몬 베드로의 최후에 대한 예언(요 21:18)은 죽음의 권세를 이미 정복하신 예수님께서 해 주신 말씀이기에 그 내용이 비록 베드로의 십자가 처형에 대한 것이라 할지라도 베드로에게 궁극적인 두려움을 주진 않았을 것이다. 베드로전서 1:3-12을 함께 참고하라.

⁴ 요한복음 17:9-19에 있는 제자들의 보존을 위한 예수님의 제사장적 기도를 참고하라.

⁵ 이전에 베드로는 본인의 열망과 의욕에도 불구하고(요 13:37: "주여, 내가 지금은 어찌하여 따라갈 수 없나이까 주를 위하여 내 목숨을 버리겠나이다"), 주님 가시는 십자가의 길을 좇아가지 못했다(요 13:38 및 18장 참조). 그러나 부활의 주님을 만나고 제자의 길로 회복된 후 이제 그 길을 따라갈 수 있게 되었다. 주님 좇아가는 베드로의 제자도는 30여 년 후 십자가상의 순교를 통해 그 완성에 이를 것이다.

⁶ Eugene H. Peterson, *A Long Obedience in the Same Direction* (Downers Grove: InterVarsity, 1980)을 보라. 한글 번역은 유진 피터슨, 『한 길 가는 순례자』, 김유리 역 (서울: IVP, 2001)을 보라.

Chapter 15 예수의 사랑하시는 그 제자

¹ 요한복음 21:20에 비추어 볼 때, 21:15-19에서 예수님과 베드로는 아마 해변을 거닐며 대화를 나누었던 것 같다. 혹은 19절에서 "나를 따르라"는 말씀을 하신 직후에 주님께서 앞서 해변을 걸으시고 베드로가 바로 뒤따랐을 수도 있다. 어느 쪽이 맞든 간에 주님을 좇아 해변을 걷는 모습은 제자도에 관한 매우 강력한 상징임이 틀림없다.

² "예수의 사랑하시는 그 제자"(이탤릭 추가됨)라는 표현은 문법적으로 특정한 인물을 구체적으로 지칭하는 표현이다. 요한복음의 최초 독자들은 이 제자가 누구인지 쉽게 인식했을 것이다. 한편, 저자가 자신의 이름을 직접 밝히지 않고 '예수의 사랑하시는 그 제자'로 스스로를 묘사한 데는 나름의 의의가 있다. 저자인 사도 요한은 독자들이 주의 사랑하시는 그 제자와 독자들 자신을 동일시하도록 초대하고 있다. 독자들

스스로가 예수님의 사랑 받는 제자라는 사실을 붙잡도록 격려하고 있는 듯하다.

3 D. A. Carson, and Douglas J. Moo, *An Introduction to the New Testament* (Grand Rapids, Mich.: Zondervan, 2005), 244.

4 도널드 거스리(Donald Guthrie), "요한복음", 『IVP 성경주석』 (서울:한국기독학생회출판부, 2009), 1452; D. A. Carson, and Douglas J. Moo, *An introduction to the New Testament* (Grand Rapids, Mich.: Zondervan, 2005), 241.

5 이 마지막 만찬에서 사도 요한은 주님 품에 기대어 "주여 주님을 파는 자가 누구오니이까?"라고 묻는데(요 21:20 [13:25 참조]), 머지않아 제자 중 한 사람(가룟 유다)의 배신행위를 통해 예수님이 십자가에 처형되시기에 이와 같은 요한의 질문이 제4복음서의 내러티브 안에서 예수님의 죽음과 의미 있는 연관성을 갖고 있다고 볼 수 있다.

6 '표적의 책'(요 1:18-12:30)에 등장하는 일곱 개의 표적은 다음과 같다: 물로 포도주를 만드심(요 2:1-11); 왕의 신하 아들을 고침(요 4:46-54); 베데스다 못가의 병자를 고침(요 5:1-9); 오천 명을 먹이심(요 6:5-13); 물 위를 걸으심(요 6:19-21); 나면서 소경된 자를 고치심(요 9:1-41); 나사로를 살리심(요 11:41-44). 이에 추가해서, 예수님의 부활(요 20-21장)을 제4복음서 내에서의 또 하나의 표적이면서 가장 궁극적 표적으로 보는 견해도 있다(요 2:18-19; 20:30 참조). 물론 예수님의 부활 기사는 소위 '표적의 책'(요 1:18-12:50)에 속해 있지는 않다.

7 요한복음의 구조에 대해서는 Raymond E. Brown, *An Introduction to the New Testament* (New York: Doubleday, 1997), 334-335을 참고하라.

Chapter 16 "네게 무슨 상관이냐?" 비교의식

1. 요한복음 20:3 이하에서 베드로와 주께서 사랑하시는 제자가 앞다투어 달려가는 모습은 이 둘 사이의 비교의식 내지는 경쟁의식을 암시하는 듯하다.

2. Whitacre는 베드로가 가졌던 비교의식 또는 경쟁의식에 대한 암시가 요한복음 20:20 이하에 전혀 존재하지 않는다고 생각한다. 하지만 그의 견해는 그다지 설득력이 없어 보인다. 만일 Whitacre의 견해가 옳다면, 왜 예수님께서 요한복음 21:22에서 베드로를 꾸짖으셨는지 이해하기가 매우 어렵다. Rodney A. Whitacre, *John* (NTC) (Downers Grove: IVP, 1999), 499를 보라.

3. 누가복음 14:7-9을 참고하라.

4. 주님께서는 앞서 요한복음 21:19에서 "나를 따르라"는 명령을 주셨다. 비교의식에 빠진 베드로에게 21:22에서 "너는 나를 따르라"는 명령을 주시는데, 한글번역(개정개역)에 잘 반영된 대로 22절의 헬라어 원문은 2인칭 단수 주어 "너는(헬: 쉬)"을 명시하는 강조 용법을 사용한다. 헬라어에서는 동사 안에 주어가 이미 포함되어 있어 문법적으로 별도의 주어가 필요하지 않다. 헬라어 문장에서 주어가 별도로 명시되는 경우를 몇 가지로 나누어 볼 수 있는데, 그 중 하나는 여기서처럼 강조를 목적으로 하는 경우다.

5. 고린도전서 1:10-13을 참고하라.

6. 사도 요한이 인생 중기에 에베소로 옮겨 그곳에서 사역하다 죽었다는 전승은 교부들의 증언에서 거듭 확인된다. 에베소 감독을 지낸 폴리크라테스(약 130-196)는 사도 요한이 "에베소에서 잠들다"라고 언급한다 (Polycrates, *Fragments of Polycrates*). 이레니우스에 의하면 요한은 에베소에서 그의 복음서를 집필했다(Irenaeus, *Against Heresies*,

3.1.1; 3.3.4).

7 아울러 '목양의 사역을 감당하다 60년대에 네로 치하에서 순교한 사도 베드로와 90년대까지 장수하면서 오랫동안 목회 사역을 감당하고 여러 중요한 저술들을 남긴 사도 요한 중 누가 더 위대한가?'라는 질문은 주님께서 제자들에게 허락하신 은사의 다양성 자체를 무시한 발언임을 기억해야 한다.

8 물론 이웃에 대해 관심을 두고 그들을 사랑으로 돌보는 것은 매우 가치 있는 일이고, 무엇보다 주님께서 명하신 바이다(요 13:34; [막12:31 및 공관복음 병행구 참조]). 여기서 필자가 경고하는 것은 비교의식과 경쟁의식에 근거하여 이웃에 대해 불필요하고 과도한 관심을 두고 막상 주님께는 집중하지 못 하는 경우다.

Chapter 17 부활하신 주님과 동행한다는 것

1 제자도가 포함하는 인격적 특성은 사실 앞서 21:1-14에서 주님께서 제자들과 함께 만나 식사하시는 장면을 통해서 이미 암시되었다. Grant R. Osborne, *The Resurrection Narratives: A Redactional Study* (Grand Rapids: Baker Book House, 1984), 179; Rodney A. Whitacre, *John* (NTC) (Downers Grove: IVP, 1999), 493을 보라.

2 새찬송가 430장, A. B. Simpson 사, 곡(1897).

3 요한복음 21:1, 12, 14절 등을 볼 때, 21:1-14은 부활 후 기사(post-resurrection story)로서 예수 부활의 확실성을 강조하는 성격을 갖고 있다. 아울러 요한복음 20-21장에 걸쳐 기록된 복수의 부활 후 기사들(post-resurrection stories) 역시 예수 부활의 확실성을 강조하는 역할을 한다.

4   예를 들어, 어떤 사람이 예수님의 부활을 단지 상징(symbol)이나 은유(metaphor)로만 이해한다면, 매일의 삶 가운데서 그리스도께서 자신과 동행하신다는 인식을 가질 수 없을 것이고, 그리스도의 부활로 인해 축제를 벌일 일도 없을 것이다.

5   김성원, "대담: 유진 H. 피터슨 박사와 성경묵상" [온라인 자료], http://blog.naver.com/withmoses/60206733043, 2017년 6월 8일 접속. 아울러 유진 피터슨은 일상생활 가운데 어느 곳을 방문하든지 항상 예수님께서 부활하셨음을 되새긴다고 한다. Eugene H. Peterson, *Under the Unpredictable Plant: An Exploration in Vocational Holiness* (Grand Rapids: Eerdmans, 1992), 127을 보라.

6   요한이 기록한 나사로를 다시 살리신 표적(요 11:43-44)은 예수님이 실로 '부활'이요 '생명'이심을 확증해 주는 사건이다(요 11:25-26). 이는 또한 요한복음의 내러티브 맥락 안에서 예수님이 자신의 부활을 통해 죽음의 권세를 정복하실 것을 암시해 주는 사건이다. 동시에 요한의 독자들이 가진 부활 신앙과 소망을 격려하는 사건이기도 하다(요 11:24 참조).

나사로가 다시 살아난 사건과 예수님의 부활은 신체적으로 사망을 경험한 후 소생했다는 점에서는 공통점이 있지만, 나사로가 이후 다시 죽음을 경험해야 했던 것과 달리 그리스도께서는 죽음을 완전히 정복하셨다는 점 그리고 그리스도의 부활이 하나님 백성의 구원을 위한 것이라는 점에서 둘 사이에는 명백한 차이점이 존재한다(롬 4:25; 고전 15:16-20; 벧전 1:3-5). 아울러, 그리스도의 부활체는 죽음을 완전히 이긴, 변화된 몸이었지만, 다시 살아난 나사로에게 그런 변화가 없었다. 바울의 표현을 빌리자면, 죽었다가 다시 살아난 나사로(요 11:1-44), 나인성 과부의 아들(눅 7:11-17), 야이로의 딸(막 5:35-43), 엘리야와 엘리사의 기적을 통해서 살아난 이들(왕상 17:17-24; 왕하 4:32-37) 중 그 어느 누구가 아닌, 주 예수 그리스도께서 '잠자는 자들의 첫 열매'가 되셨다(고전 15:20)!

7 여기서 말하는 '무한긍정'은 무분별한 긍정적 사고나 막연한 자기암시가 아니다. 필자가 말한 '무한긍정'은 위의 본문에서 밝힌 대로, 인류의 죄의 문제를 십자가에서 직접 담당하시고 사망 권세를 정복하신 그리스도의 인격과 사역에 대한 신뢰에서 우러나오는 소망 가득한 삶의 태도를 가리킨다. 한편, 부활 예수와 동행하는 자들은 이 세상이 추종하는 옛 질서가 그리스도를 십자가에 못 박았으며(고전 2:8), 또 그 옛 질서가 십자가에서 무장해제 되어야 했던 대상이라는 사실을 안다(골 2:15). 그렇기에 옛 질서와 그것이 추구하는 가치들에 대해서는 예언자적인 비판적 시각을 견지하게 된다.

8 요한복음에서 예수님의 부활 기사는 20−21장에 기록되어 있지만, 요한복음 전체가 예수님의 십자가와 부활에 비추어 쓰였다. 예를 들어, 예수님의 성전 청결 사전에 대해 기록하면서 사도 요한은 "죽은 자 가운데 살아나신 후에야 제자들이 이 말씀 하신 것을 기억하고 성경과 예수께서 하신 말씀을" 믿었다고 보도한다(요 2:22 [막9:9−10 참조]). 예수님의 부활 전에 제자들은 주님께서 이 시점에서 하셨던 말씀의 의미와 의의를 이해하지 못했다. 제자들은 예수님의 십자가 죽음의 의미에 대해서도 주님의 부활 이후에야 비로소 깨닫게 되었다. 제자들이 예수님의 십자가 처형 직후에 했던 일이란 고작 '유대인들'에 대한 공포 때문에 문이란 문은 다 걸어 잠그고 꼭꼭 숨어 지내는 것이었다(요 20:19 [20:26 참조]). 예수님의 십자가 죽음이 지닌 의미와 의의에 대해 제자들이 이해하고 제대로 묵상하게 된 것은 부활하신 주님과 대면 그리고 성령강림 이후의 일이다. 궁극적으로, 만일 예수님이 부활하지 않으셨다면, 요한복음을 포함한 신약성경의 27권 책들이 쓰일 이유 자체가 없었을

것이다.

⁹ "날마다 제 십자가를 지고 나를" 따르라는 예수님의 명령을 기록한 누가복음 9:23의 말씀은 주님께서 십자가를 지러 예루살렘으로 올라가시기에 앞서 주신 가르침이다. 하지만, 누가의 독자들이 그 말씀을 대하면서 '이제 주님께서 부활하셨으니 우리에겐 더는 필요 없는 말씀이야!'라는 식으로 생각했을 리는 만무하다. 만일 그랬다면, 빈틈없는 저자 누가(눅 1:3 참조)가 9:23의 말씀을 그의 복음서에 굳이 포함하지 않았을 것이다.

¹⁰ 사도행전에 따르면, 제자들이 오순절 이후에 성령 안에서 경험했던 부활 생명(롬 6:1-14; 갈 2:20 [엡 2:4-6; 골 3:1-4 참조])은 그들이 그리스도의 복음을 위한 핍박과 고난으로부터 면제받도록 돕지 않는다. 베드로와 바울이 각각 성령의 초자연적 도움을 통해 감옥에서 풀려나는 예외적인 경우들이 있긴 했지만(행 12:1-19; 16:16-40), 그것이 고난과 핍박으로부터 지속적인 면제를 뜻하는 것은 결코 아니었다. 도리어 베드로와 바울을 포함한 1세기 그리스도인들은 성령 안에서 경험되는 부활 생명을 힘입어 복음을 위한 어려움과 역경을 담대히 직면하고, 그 가운데 끝까지 인내하며, 예수 그리스도의 신실한 증인으로 끝까지 남을 수 있는 동력을 얻었다.

¹¹ 이처럼 십자가와 부활은 서로 연결되어 있다. 역사적으로, 신학적으로 그리고 실존적으로 말이다(막 8:31, 9:31, 10:33-34; 14-16장; 갈 2:20; 롬 6:1-14 참조).

¹² 이 대역전 드라마는 이미 예수님의 부활을 통해 결정적으로 시작되었다(빌 2:9-11). 대역전극의 최종적 완성은 주님께서 다시 오실 때 이뤄질 것이다(고전 15:20-28). "아멘 주 예수여 오시옵소서(계 22:20)!"

Chapter 18 오해받기: 피할 수 없는 삶의 일부

1   요한이 묘사하는 예수님과 그의 말씀에 대한 오해에 관해서는 다음의 구절들을 보라: 요 2:19-21; 3:3-4; 4:10-11; 8:33-35; 11:13-15.

Chapter 19 죽음 앞에서 영생을 노래하다

1   2세기 중반 히에라폴리스(Hierapolis)의 주교였던 파피아스(Papias)의 Expositions 제2권에 의하면 요한이 처참한 죽임을 당했다고 한다. 그러나 파피아스의 저술은 현재 온전한 형태로 남아 있지 않으며 시데의 필립(Philip of Side)의 연대기(450년경)에 부분적으로 포함되어 있기 때문에 그 진위가 확실치 않다. 반면 요한의 죽음에 대한 더욱 확실하고 강력한 증거는 폴리크라테스(Polycrates)의 진술인데, 그는 *Fragments of Polycrates*에서 요한에 대해 비교적 자세하게 기술하다가 요한이 "에베소에서 잠들었다"라고 마무리하며, 순교가 아닌 자연사를 뜻하는 진술을 제공한다. 제롬도 요한이 매우 늙은 나이에도 에베소에서 체류했다고 증언한다. J. D. Douglas, *New Bible Dictionary*, rev. ed (Leicester, England; Downers Grove, Ill.: InterVarsity Press, 1996), s.v. "John, The Apostle"을 참고하라.

2   베드로와 바울이 네로 황제 치하에서 순교했다는 보도는 초대교회 여러 전승에서 찾아볼 수 있다. 베드로와 바울의 순교에 대해 가장 먼저 언급한 문서는 로마의 클레멘스의 Letter to the Corinthians 5(약 A.D 90년경)인데, 여기서 클레멘스는 베드로와 바울의 순교를 영적 영웅의 모범으로 소개한다. 이 외에도 터툴리안(*De Praescriptione Haereticorum*, 36; *Scorpiace*, 15)은 베드로와 바울이 로마에서 순교했음을 이야기

하고, 이그나티우스(*Epistle to the Romans*, 4)는 로마 교회를 바울 그리고 베드로와 연결 지어 언급한다. 그 외에도 여러 초대교회 문서들이 베드로와 바울이 로마에서 순교했다거나 구체적으로 네로 치하에서 순교했다고 증언한다. 초대교회 외경인 베드로행전 37-38은 베드로의 순교 상황을 구체적으로 묘사한다.

3 요한1, 2, 3서에서 사도 요한이 자신을 소개하거나 묘사하는 설명을 포함하지 않는 것은 그가 이 서신서들의 최초독자들에 의해 쉽게 인지될 수 있는 영향력 있는 인물이었음을 암시해 준다. 다음의 구절들을 참고하라. 요한1서 2:1, 요한2서 1:1, 요한3서 1:1.

4 캐런 코케인에 따르면 고대 로마 시대에 살던 사람들은 아이가 10살까지 생존했을 경우 앞으로 47.5세를 더 살 수 있다는 기대를 했다고 한다. 간혹 당시 의회 원로들이 60세를 넘기기도 했으나 일반적으로 수명은 50세에서 60세 사이였다. 그러나 이것은 질병이나 전쟁 등과 같은 외부 요인을 배제한 것이어서, 이런 외부 요인들까지 포함해 고려한다면 그 당시 평균수명은 현저히 낮아진다. 이런 상황에서 요한이 90세를 넘긴 것은 매우 예외적으로 장수한 경우였으며, 이를 두고 1세기 성도들이 소위 '요한불사론'에 매력을 느낀 것은 어찌 보면 조금은 자연스러운 일이었다. 로마 시대의 수명과 관련해서는 Karen Cokayne, *Experiencing Old Age in Ancient Rome* (London [u.a.]: Routledge, 2003), 3을 참고하라.

5 요한복음은 다른 복음서와 비교해서 유독 '영생'(영원한 생명)을 강조한다. 생명을 뜻하는 헬라어 단어 조에가 마태복음에서 7회(7:14; 18:8; 18:9; 19:16; 19:17; 19:29; 25:46), 마가복음에서 4회(9:43; 9:45; 10:17; 10:30), 누가복음에서 5회(10:25; 12:15; 16:25; 18:18; 18:30) 사용된 반면, 요한복음에서는 총 36회나 사용된다. '영생'(영원한 생명)을 의미하는 헬라어 표현 조에 아이오니

오스는 마태복음에서 3회(19:16; 19:29; 25:46), 마가복음에서 2회(10:17, 30), 누가복음에서 3회(10:25; 18:18; 18:30) 사용된 반면, 요한복음에서는 총 17회(3:15; 3:16; 3:36; 4:14; 4:36; 5:24; 5:39; 6:27; 6:40; 6:47; 6:54; 6:68; 10:28; 12:25; 12:50; 17:2; 17:3)나 등장한다.

요한이 말하는 '영생'은 단지 미래에 속한 것이 아니며, 하나님의 자녀된 자들, 즉 그리스도를 영접한 이들이 이 땅에서 누리기 시작하는 실체다. 영생은 단순히 생물학적 생명의 연장이 아니라, 다음 세대(the age to come)의 생명을 가리킨다. 영생은 또한 신적(divine) 생명을 가리키는데, 영원함이 하나님의 특성이고 유한함이 인간의 특성임을 고려할 때, 영생을 얻는다는 것은 하나님의 생명이 인간에게 주어졌음을 뜻한다. 예수 그리스도께서는 친히 죄와 사망의 권세를 이기시고 부활하심으로 영생에 대한 자신의 가르침이 진리임을 그리고 영생이 단순한 이상이 아니라 실체임을 확증하셨다. 요한이 언급한 '영생' 혹은 '생명'의 뜻에 대해서는 Murray J. Harris, *John 3:16: What's It All About?* (Eugene, Oregon: Cascade, 2015), 23–26을 참고하라.

[6] 요한복음 3:16에서 언급한 '영생'은 3:14-15에 언급된 그리스도의 십자가 죽음과 결코 떼어서 생각할 수 없다. 영원한 생명이 인류에게 주어지게 된 것은 바로 하나님의 독생자께서 십자가에서 세상 죄를 지고 대신 죽으셨기 때문이다(요1:29 참조).

Chapter 20 성경의 선택적 성격

[1] 종교철학에서 논의되는 신 존재 증명과 악과 고통의 문제가 그 한 예가 되겠다. 신 존재를 철학적으로 증명하기 위한 근거나 악과 고통의 존재 이유에 대한 직접적인 답을 성경 자체에서 찾고자 하는 것은 그

리 바람직하지 않다. 이는 성경이 그런 이슈들에 대한 직접적이고 우선적인 관심을 두지 않기 때문인데, 성경은 하나님의 존재 증명을 위한 철학적 논의에 관심을 두기 보다, 유일하신 하나님의 존재를 전제한 채, 그의 성품과 역사하심에 주목한다(예를 들어, 창세기를 보라). 또한, 성경은 '악과 고통이 왜 존재하는가?'라는 문제에 대한 직접적인 답을 제공하는 것보다 하나님의 백성이 악과 고통의 한복판 가운데 어떤 자세로 갖고 살아야 하는가에 관심을 둔다(예를 들어, 욥기를 보라).

2 물론 성경의 성격에 대한 논의를 위해서는 요한복음 21장 외의 여러 다른 신약, 구약 구절들에 대한 충분한 논의가 필요하다. 필자는 지면의 제한과 본서의 초점을 고려하여 주로 요한복음 21장에 논의를 국한하고 있다. 아울러, 필자는 요한복음 21:25에서 언급된 제4복음서 기록의 선택적 성격이 성경 전체에 일반적으로 적용된다는 전제를 하고 있음을 밝힌다.

3 물론 유추를 통해 도움이 되는 답을 얻는 경우들이 있는데, 예를 들어, 환경문제를 포함하여 현대사회에서 그리스도인들이 직면한 여러 윤리적 문제들을 다룸에 있어, 성경이 그에 관해 직접 언급하지 않았다 하더라도 성경으로부터 유추적인 답을 찾을 수 있는 경우들이 많다.

4 물론 공관복음에 나타난 수난-부활에 대한 예수님의 3중 예언은 갈릴리에서 예루살렘으로 올라가는 여정 부분(journey section) 내에서 중요한 문학적 기능을 갖고 있다. 그러나 이러한 문학적 기능을 수난 – 부활 예언의 역사성을 부인하는 근거나 이유로 삼을 필요는 없겠다.

5 종종 우리들의 과도한 궁금증 배후에는 표면에 드러난 것과는 상당히 다른 동기가 도사리고 있다. 베드로의 경우는 그 동기가 바로 요한과의 비교의식 내지는 경쟁의식이었다(요 21:20-22). 필자는 주님에 대한 참된 신뢰와 순종의 부재가 불필요하거나 과도한 질문들을 불러오는 경

우를 스스로의 삶에서(그리고 주변에서) 종종 경험했다.

Chapter 21 어떻게 강연을 마쳐야 명강연일까? 두 교수 이야기

1. 예수 그리스도를 자랑함에 관해 언급하는 구절들은 예를 들어 고린도전서 1:31, 고린도후서 10:17, 갈라디아서 6:14, 빌립보서 3:3을 보라.
2. 실제로 사도 바울은 그의 서신서 중간에서 논의를 이어가다가 '갑작스럽게' 송영을 제시하곤 한다. 로마서 1:25; 9:5; 11:33-36; 에베소서 3:20-21; 빌립보서 4:20; 디모데전서 1:17; 6:15-16; 디모데후서 4:18을 보라.
3. 요한복음의 프롤로그(요 1:1-18)가 본질에서 그리스도에 대한 찬송이라는 점을 생각해 보면, 제4복음서는 그리스도에 대한 찬송으로 시작해서 그리스도에 대한 찬송으로 마친다!

 21C 교회성장과 축복의 통로

교회진흥원은 기독교한국침례회 총회의 교육, 문서선교 기관으로서 교회의 교육, 목회, 선교활동에 관한 실제적인 연구와 프로그램 개발, 기독교 정보를 제공하고, 자료 출판 및 보급사역을 하고 있습니다.

- 각 연령별 교회학교 공과, 구역공과, 제자훈련 교재, 음악도서를 기획, 출판하고 이와 관련된 각종 강습회를 실시합니다.
- 요단출판사를 운영하며 매년 70여 종의 각종 신앙도서와 제자훈련 교재를 기획, 출판합니다.
- 서울과 대전에 직영서점을 운영하고 있습니다.

요단출판사 의 사역정신

그리스도인들의 올바른 신앙성장과 영성 개발에 필요한 신앙도서를 엄선하여 출판, 보급함으로써 이 땅에 하나님나라 확장을 위해 헌신하고 있습니다.

- **F**or God & Church
  하나님과 교회의 유익을 위하여 도서를 기획 출판합니다.
- **P**rayer-focused Ministry
  오직 기도뿐이라는 자세로 사역합니다.
- **P**ath to Church Growth
  교회성장과 축복의 통로가 되기 위해 사명을 감당합니다.
- **G**ood Stewardship & Professionalism
  선한 청지기와 프로정신으로 사역합니다.
- **C**reating a Culture of Christianity by Developing Contents
  각종 문화 컨텐츠를 개발함으로 기독교 문화 창달에 기여합니다.

직 · 영 · 서 · 점

요단기독교서적	서울특별시 서초구 신반포로 205 반포쇼핑타운 6동 2층
교회용품 센타	TEL 02)593-8715~8 FAX 02)536-6266 / 537-8616(용품)
대전침례회서관	대전광역시 동구 태전로 16 TEL 042)255-5322, 256-2109 FAX 042)254-0356
요단인터넷서점	www.jordanbook.com

"그러므로 너희는 가서 모든 민족을 제자로 삼아 아버지와 아들과 성령의 이름으로 침(세)례를 베풀고 내가 너희에게 분부한 모든 것을 가르쳐 지키게 하라 볼지어다 내가 세상 끝날까지 너희와 항상 함께 있으리라 하시니라" 마 28:19~20